Inkulturation und ihre Relevanz für die Sozialarbeit
mit AfrikanerInnen in Wien

Europäische Hochschulschriften
Publications Universitaires Européennes
European University Studies

Reihe XXII
Soziologie

Série XXII   Series XXII
Sociologie
Sociology

Bd./Vol. 438

Frankfurt am Main · Berlin · Bern · Bruxelles · New York · Oxford · Wien

Julia Heneis

Inkulturation und ihre Relevanz für die Sozialarbeit mit AfrikanerInnen in Wien

Am Beispiel der afrikanischen katholischen Gemeinde

PETER LANG
Internationaler Verlag der Wissenschaften

Bibliografische Information der Deutschen Nationalbibliothek
Die Deutsche Nationalbibliothek verzeichnet diese Publikation in
der Deutschen Nationalbibliografie; detaillierte bibliografische Daten
sind im Internet über http://dnb.d-nb.de abrufbar.

Gedruckt mit Unterstützung der Wissenschafts-
und Forschungsförderung der Stadt Wien, MA 7.

Steyler Missionare
Österreichische Provinz

Gedruckt auf alterungsbeständigem,
säurefreiem Papier.

ISSN 0721-3379
ISBN 978-3-631-59961-7
© Peter Lang GmbH
Internationaler Verlag der Wissenschaften
Frankfurt am Main 2010
Alle Rechte vorbehalten.

Das Werk einschließlich aller seiner Teile ist urheberrechtlich
geschützt. Jede Verwertung außerhalb der engen Grenzen des
Urheberrechtsgesetzes ist ohne Zustimmung des Verlages
unzulässig und strafbar. Das gilt insbesondere für
Vervielfältigungen, Übersetzungen, Mikroverfilmungen und die
Einspeicherung und Verarbeitung in elektronischen Systemen.

www.peterlang.de

Diese Arbeit ist
Ulrike Heneis (29.06.1982 – 12.12.2006)
gewidmet!

Danksagung

Dieses Buch erscheint ein Jahr, nach dem es als Diplomarbeit eingereicht wurde. Ihr Zustandekommen wäre ohne vielfältige Unterstützung nicht möglich gewesen. In erster Linie möchte ich mich bei den Mitgliedern der afrikanischen katholischen Gemeinde (ACC) in Wien und ihrem Seelsorger Joseph Monday Orji für ihre Kooperation und Unterstützung, aber auch für ihr Vertrauen bedanken.

Ich danke meinen InterviewpartnerInnen, FreundInnen, Bekannten, StudienkollegInnen und meinen Eltern, die auf vielfältige Weise zum Gelingen dieser Arbeit beigetragen haben. Diese Arbeit wäre nicht ohne mein Studium der Sozialarbeit (im städtischen Raum) an der Fachhochschule Campus Wien in der Freytaggasse entstanden. Dieser Studienort unter der Leitung von FH - Prof. Dr. Heinz Wilfing hat die Rahmenbedingungen geboten, sich kritisch auf bisher wenig bekannte Aspekte der Sozialarbeit einzulassen und diese zu beforschen.

Meinem Erstbetreuer Mag. Dr. Hans-Volker Kieweler danke ich für seine Begleitung und die fruchtbaren Diskussionen. Ich danke ihm auch für die Ermunterung, diese Arbeit zu veröffentlichen.

Ein ganz besonderer Dank gilt den Steyler Missionaren der österreichischen Provinz, vor allem dem Arbeitskreis Migration und ihrem Provinzial P. Franz Pilz SVD für ihre großzügige Unterstützung bei den Druckkosten.

Vorwort

Frau Julia Heneis schließt mit ihrer Diplomarbeit „**Inkulturation und ihre Relevanz für die Sozialarbeit mit AfrikanerInnen in Wien** am Beispiel der afrikanischen katholischen Gemeinde" zur Erlangung des akademischen Grades der Magistra (FH) für sozialwissenschaftliche Berufe eine große Lücke. Der Begriff Migration, vor einem Jahrzehnt gerade Fachleuten bekannt, ist heute in den Medien und der öffentlichen Diskussion allgegenwärtig. MigrantInnen, insbesondere aus Afrika, verlassen ihre Heimat, um in einer fremden Aufnahmegesellschaft Fuß zu fassen. Die Migration von Afrikanern hat sich grundlegend verändert. Das bringt neue Herausforderungen für alle Beteiligten. Eine Statistik des Bundesministeriums für Inneres zeigt bei den abgelehnten Asylanträgen ein eindeutiges Ergebnis. NigerianerInnen sind am meisten von den abgelehnten Anträgen betroffen.

Es erscheint sinnvoll und notwendig, dass nicht nur staatliche Einrichtungen und Institutionen sich mit diesem Problemfeld befassen, sondern auch u. a. Kirchen und Gewerkschaften. Die afrikanische katholische Gemeinde in Wien (ACC) ist für Menschen mit ähnlichem kulturellem Hintergrund eine wichtige Anlaufstelle. Aufgrund der Präsenz in dieser Stadt Wien ist sie für Menschen da, die Orientierung brauchen, aber auch für diejenigen, die in Not sind. Anliegen und Ethos der Sozialarbeit in Österreich treffen sich mit theologischen und humanen Zielsetzungen der Kirchen in Österreich.

Der/die Leser/In erfährt viele Angebote kirchlicher Organisationen für MigrantInnen in Wien. Begriffe wie Kultur und Inkulturation werden eingeführt und auch aus der Sicht der Theologie bedacht.

Hier liegt ein Beispiel dafür vor, wie sich Sozialarbeit in Österreich immer wieder öffnet und auf neue Herausforderungen reagiert. Die Berechtigung zur Veröffentlichung dieser Diplomarbeit im Rahmen einer Monografie ist gegeben.

Ich wünsche dieser Veröffentlichung ein gutes Gelingen.

Wien im November 2009

Dr. Hans Volker Kieweler

Vorwort der Autorin

Wer über AfrikanerInnen in Wien in Zeitungen liest, begegnet Berichten über AsylwerberInnen und DrogendealerInnen. Mein erster Besuch in der afrikanischen katholischen Gemeinde (in weiterer Folge: ACC) in Wien zeigte mir ein anderes Bild. Hunderte AfrikanerInnen trafen sich am Sonntag, feierten Gottesdienst, trafen Freunde und tauschten sich aus. Dabei fiel mir auf, wie viele MessbesucherInnen sich an die Priester wandten, weil sie Probleme besprechen wollten.

Einige der angesprochenen Themen kommen auch in der Arbeit von SozialarbeiterInnen vor: das Aufenthaltsverbot des Ehemannes, fehlende finanzielle Möglichkeiten, die Suche nach einem Deutschkurs, ... Diese Beobachtungen haben mich dazu angeregt, die ACC aus der Sicht der Sozialarbeit zu betrachten und der Frage nach zu gehen, ob die ACC eine Ressource für die Sozialarbeit mit AfrikanerInnen in Wien darstellen kann.

Ich möchte an dieser Stelle eine wichtige persönliche Vorbemerkung zur Verwendung der Begriffe Afrika und AfrikanerInnen machen:

Mir ist bewusst, dass Afrika ein Kontinent ist. Ich werde im Lauf der Arbeit auch auf bestimmte Länder eingehen. Wenn ich im Rahmen dieser Arbeit von Afrika spreche, beziehe ich mich auf die Staaten südlich der Sahara. Mir ist bewusst, dass man die unglaubliche Vielfalt dieses Kontinents nicht verallgemeinern kann, und das ist auch nicht meine Absicht. Die Begriffe Afrika und AfrikanerInnen werden dort verwendet, wo Gemeinsamkeiten überwiegen, bzw. nicht dezidiert Angehörige einzelner afrikanischer Staaten gemeint sind.

Inhaltsverzeichnis

Danksagung 7
Vorwort 9
Vorwort der Autorin 10
Abstract (Deutsch) 15
Abstract (English) 17
1. Einleitung 19
I. Theorie 21
  2. Migration 21
    2.1. Migration – allgemein 21
    2.2. Migration von AfrikanerInnen nach Europa / Österreich 22
    2.3. Die österreichische Migrationspolitik 23
  3 Sozialarbeit mit MigrantInnen 25
    3.1 Verschiedene Ansätze und Methoden 25
      3.1.1 Die Soziale Einzel(fall)hilfe 25
      3.1.2 Sozialpädagogische Beratung 26
      3.1.3. Lebensweltorientierung 27
      3.1.4. Soziale Netzwerkarbeit 28
      3.1.5 Interkulturelle Kompetenz 30
  4. Einrichtungen für MigrantInnen in Wien 33
    4.1 WIF Wiener Integrationsfonds / MA 17 33
    4.2 MA 35 34
    4.3 Start Wien 35
  5 Angebote kirchlicher Organisationen für MigrantInnen in Wien 37
    5.1 Diakonie 37
      5.1.1. Amber-Med 37
      5.1.2 Flüchtlingshäuser 37
      5.1.3 Interkultureller Kindergarten Ottakring 38
      5.1.4 INTO Wien: Integration von Flüchtlingen 38
      5.1.5 ELONGÓ: Gemeinwesenorientierte Integration von Flüchtlingsfamilien 38
      5.1.6 Beratungsstelle für Flüchtlinge 38
      5.1.7 Diakonie Patchwork Institut 38
    5.2 Caritas der Erzdiözese Wien 39
      5.2.1 Asylzentrum Wien 39
      5.2.2 Sozialdienst am Flughafen 39
      5.2.3 Rückkehrhilfe 39
      5.2.4 Psychosoziale Angebote 40
      5.2.5 MigrantInnenzentrum Wien 40
      5.2.6 @home – Startwohnungen 40
      5.2.7 Flüchtlingswohnhäuser 40
      5.2.8 WGs für unbegleitete minderjährige Flüchtlinge 41
      5.2.9 Brunnenpassage 41
  6 Die Selbstorganisation von MigrantInnen 43
  7 Inkulturation 45
    7.1 Kultur 45
    7.2 Der Begriff Inkulturation 46
    7.3 Inkulturation aus Sicht der Theologie 46
    7.4 Weitere Kulturbegriffe 48
      7.4.1 Interkulturell 48
      7.4.2 Transkulturalität 48

7.4.3 Inkulturation	49
7.4.4 Akkulturation	49
7.4.5 Enkulturation	49
8 Religion und Migration	51
8.1 Fremdsprachige katholische Gemeinden in Wien	51
8.2 AAI - Afroasiatisches Institut Wien	52
8.3 ARGE AAG	52
9 Zusammenfassung – Theorie	55
II. Empirie	57
10 Begründung der Methodenwahl	57
11 Qualitative Erhebung: ExpertInnen-Interviews	59
11.1 Durchführung der ExpertInnen-Interviews	59
11.1.1 Vorüberlegungen	59
11.1.2 Die interviewten SozialarbeiterInnen	59
11.1.3 Der interviewte Seelsorger	60
11.1.4 Gemeinsamkeiten der InterviewpartnerInnen	60
11.1.5 Die Zusicherung der Anonymität und deren Aufhebung	61
11.1.6 Der Leitfaden für die Interviews	61
11.1.7 Die Fragen an die SozialarbeiterInnen	61
11.1.8 Die Fragen an den Priester	62
11.2 Die Auswertung der Ergebnisse	62
11.2.1 Qualitative Inhaltsanalyse	62
11.2.2 Die Bildung des Kategorienschemas	63
11.3 Die Ergebnisse der Inhaltsanalyse	63
11.3.1 Herkunftsländer der KlientInnen	63
11.3.2 Gründe für die Migration von AfrikanerInnen	63
11.3.3 Besondere Merkmale und Eigenschaften afrikanischer KlientInnen	64
11.3.4 Probleme von AfrikanerInnen	65
11.3.4.1 Arbeitssuche und Zugang zum Arbeitsmarkt	65
11.3.4.2 Sprache	65
11.3.4.3 Polizei	65
11.3.4.4 Aufenthaltsstatus	65
11.3.4.5 Herkunftsspezifische Probleme	66
11.3.4.6 Weitere Probleme	66
11.3.5 Religion als Thema in der Beratung	67
11.3.6 Inkulturation	67
11.3.7 Die Afrikanische katholische Gemeinde	68
11.3.7.1 Probleme, mit denen die ACC konfrontiert ist	68
11.3.7.2 Einnahmen der ACC	68
11.3.7.3 Was bietet die ACC an?	69
11.3.7.4 Finanzielle Unterstützung durch die ACC	69
11.3.8 Vernetzung und Zusammenarbeit mit anderen Institutionen	69
11.3.8.1 Kirchlicher Bereich	70
11.3.8.2 Sozialer Bereich	70
11.3.8.3 Zusammenarbeit von SozialarbeiterInnen mit Priestern und Kirchen	71
11.3.9 Gefühle bei der Arbeit mit AfrikanerInnen	71
11.3.10 Perspektiven / Positives	71
11.3.11 Was ist nach Ansicht der Interviewten wichtig für die Arbeit mit AfrikanerInnen?	72
11.4 Ergebnisse und Ausblick	72
12 Quantitative Erhebung	75

12.1 Fragebögen 75
12.2 Die Zielgruppe der quantitativen Erhebung: Die Afrikanische katholische
Gemeinde in Wien (ACC) 75
12.3 Entwicklung des Erhebungsinstrumentes / des Fragebogens 76
12.4 Die Durchführung der quantitativen Erhebung 77
12.5 Die 7 Bögen, die nicht in die Auswertung genommen wurden 77
12.6 Die Auswertung der Ergebnisse 78
12.7 Die Darstellung der Ergebnisse 78
12.8 Die befragten Personen – Allgemeines 78
    12.8.1 Alter 78
    12.8.2 Geschlecht 79
    12.8.3 Aufenthaltstitel / What is your status in Austria? 80
        12.8.3.1 Aufenthaltstitel und Geschlecht 80
    12.8.4 Herkunftsländer 82
    12.8.5 Staatsbürgerschaft 83
    12.8.6 Dauer des Aufenthalts in Österreich / How long have you been in Austria? ... 83
12.9 Wo gehen Sie hin, wenn Sie Hilfe brauchen und wo bekommen Sie diese? 84
    12.9.1 Informationen über Beratungsstellen 84
    12.9.2 Kontakt mit SozialarbeiterInnen / Beratungsstellen und Priestern 84
    12.9.3 Zufriedenheit mit der erhaltenen Hilfestellung 84
    12.9.4 In welchen Bereichen wurde Hilfe benötigt und wo fehlt sie? 85
    12.9.5 Die Bereiche, in denen Hilfe beim Priester gesucht wurde 85
    12.9.6 Wohin würden Sie zuerst gehen? 87
12.10 Fragen rund um die ACC 87
    12.10.1 Die Häufigkeit der Besuche in der ACC 87
    12.10.2 Gründe, um in die ACC zu kommen 88
12.11 Fragen rund um das Leben in Österreich 89
    12.11.1 Denken Sie, dass ÖsterreicherInnen, AfrikanerInnen, die in Wien leben, verstehen? 89
    12.11.2 Zusammenhang von sich unverstanden fühlen und afrikanischer Herkunft ... 90
    12.11.3 Hilft die ACC bei der Integration in die österreichische Gesellschaft? 90
    12.11.4 Wird mehr Zusammenarbeit von Priestern und Beratungsstellen gewünscht? 90
12.12 Abschließende Fragen 91
    12.12.1 Was würde am meisten benötigt werden, um besser in Österreich leben zu können? 91
    12.12.2 Die Abschlussfrage „Is there anything you'd like to add?" 91
12.13 Zusammenfassung der quantitativen Erhebung 93
13 Ergebnisse und Ausblick 95
13.1 Gemeinsamkeiten der qualitativen und quantitativen Ergebnisse 95
14 Schlussfolgerungen 97
III. Anhang 99
1 Interview 3, 21. 1. 2009 99
2 Themenanalyse, Kategorieschema 103
3 Questionnaire 107
IV Literatur 113
    Bücher / Beiträge in Büchern 113
    Beiträge in Zeitschriften 115
    Beiträge im Internet 116
Curriculum Vitae 118

Abbildungsverzeichnis

Abbildung 1: Das Alter der Befragten 79
Abbildung 2: Geschlecht 79
Abbildung 3: Aufenthaltsstatus 80
Abbildung 4: Aufenthaltsstatus der männlichen Befragten 81
Abbildung 5: Aufenthaltsstatus der weiblichen Befragten 81
Abbildung 6: Herkunftsländer 82
Abbildung 7: Staatsbürgerschaft 82
Abbildung 8: Aufenthaltsdauer in Österreich 83
Abbildung 9: Woher kommen Informationen über Beratungsstellen 84
Abbildung 10: Zufriedenheit mit der erhaltenen Hilfestellung 85
Abbildung 11: Benötigte / fehlende Unterstützung 86
Abbildung 12: Unterstützung durch Priester 86
Abbildung 13: Wer wird zuerst aufgesucht 87
Abbildung 14: Häufigkeit der ACC Besuche 88
Abbildung 15: Gründe für den Besuch der ACC 88
Abbildung 16: Die Fähigkeit AfrikanerInnen in Wien zu verstehen 89
Abbildung 17: Der Zusammenhang von Herkunft und sich unverstanden fühlen 89
Abbildung 18: Die ACC als Integrationshilfe 90
Abbildung 19: Der Wunsch nach Zusammenarbeit von Priestern und SozialarbeiterInnen 91
Abbildung 20: Benötigte Unterstützung für ein besseres Leben in Österreich 92

Abstract (Deutsch)

Migration bedeutet, dass Menschen ihre Heimat aus verschiedenen Gründen verlassen, um in einer Aufnahmegesellschaft zu leben. Die Migration von AfrikanerInnen hat sich von einer Eliten- und StudentInnenmigration zu einer Armuts- und Flüchtlingsmigration hin entwickelt. Das bringt neue Herausforderungen mit sich, auf die die europäische und die österreichische Politik mit Gesetzesänderungen reagiert haben. Migration innerhalb der EU wird erleichtert, die Außengrenzen werden immer besser abgeriegelt.

In der Sozialarbeit mit MigrantInnen sind passende Methoden gefragt. Relevante Ansätze sind die Soziale Einzel(fall)hilfe, die sozialpädagogische Beratung, das Konzept der Lebensweltorientierung, soziale Netzwerkarbeit und interkulturelle Kompetenz. Zu den Einrichtungen für MigrantInnen der Stadt Wien gehört die MA 17. Auch kirchliche Trägerorganisationen wie Diakonie und Caritas setzen Angebote für MigrantInnen. Eine weitere Ressource für MigrantInnen stellen MigrantInnenorganisationen dar.

Der Kulturbegriff steht für eine Vielfalt an Inhalten. Ebenso verhält es sich mit Inkulturation und ähnlichen Begriffen. Die Theologie der Inkulturation wurde in Afrika entwickelt und war die Antwort auf das Bedürfnis von Menschen, die sowohl als AfrikanerInnen als auch als ChristInnen gesehen werden wollten. Inkulturation kann als das „Sich – Einlassen" einer Kultur auf eine andere Kultur verstanden werden.

Zu den fremdsprachigen Gemeinden der katholischen Kirche in Wien gehört auch die ACC. In ExpertInnen-Interviews mit zwei SozialarbeiterInnen und einem Seelsorger der ACC sollte eine Einschätzung der Probleme von AfrikanerInnen ermittelt werden. Mitglieder der ACC wurden mit Fragebögen über ihr Leben in Österreich, ihre Probleme, Bedürfnisse und Anliegen befragt. Der Großteil der befragten Personen kam aus Nigeria, 60 Personen davon waren AsylwerberInnen.

Die ACC kann als Ressource für soziale Netzwerkarbeit gesehen werden und eine Anlaufstelle sein, um den kulturellen Hintergrund afrikanischer KlientInnen besser zu verstehen. Die Zusammenarbeit von Beratungsstellen und Priestern wird von den befragten AfrikanerInnen gewünscht und kann helfen die Zielgruppe besser zu erreichen.

Abstract (English)

People who migrate have different causes to leave their home and start anew in another country. The Migration of Africans ranges from students' and elites' migration to migration of refugees and poor people. That brings new challenges which the Austrian and European policies have already reacted to by changing their migration laws. Migration within EU becomes easier, but the boarders outside are more closed now.

Social work with migrants needs competent methods, like social case work, social pedagogical counselling, the concept of orientation on everyday life, social networking and intercultural competence.

The city of Vienna has a special offer for migrants, MA 17 (integration and diversity cases). The church has offers for migrants as well, especially through organisations like Diakonie and Caritas. Furthermore there are organisations for migrants, organised by themselves.

The word ‚culture' includes a variety of meanings. It is the same with Acculturation. The theology of Acculturation was developed in Africa for people who wanted to be seen as Africans and Christians at the same time. Acculturation can be seen as the cooperation of one culture with another.

The ACC belongs to one of the migrants communities with foreign language in the catholic church in Vienna. Through expert interviews held with two social workers and a priest of ACC, we are able to find out the problems of the African migrants in Vienna. Above all, with the help of questionnaires, the members of the ACC were able to express their views regarding their lives in Austria, their problems and wishes. The majority of the people came from Nigeria, 60 of them are asylum seekers. The ACC provides a very important social network and creates the opportunity to understand the socio-cultural background of Africans in Austria. Through the joint efforts and co-operation of the Consultation centres and the priests overseeing the ACC, it could be easier to reach at the Africans which is the target of the study.

1. Einleitung

Eine Statistik des Bundesministeriums für Inneres[1] zeigt bei der Auflistung abgelehnter Asylanträge ein eindeutiges Ergebnis. Von den von AfrikanerInnen gestellten Anträgen betreffen die meisten abgelehnten Anträge NigerianerInnen. Die Mehrheit der Mitglieder der afrikanischen katholischen Gemeinde in Wien kommt ebenfalls aus Nigeria. SozialarbeiterInnen, die mit AsylwerberInnen / MigrantInnen arbeiten, berichten ebenfalls, dass die Mehrheit afrikanischer KlientInnen aus Nigeria kommt.[2] Im Zusammenhang mit der Beratung von ausländischen KlientInnen erscheint das folgende Zitat passend:

> *„Im Alltag professioneller Beratung von Ausländern ist die Orientierungslosigkeit der Zuwanderer nur die eine Seite der Medaille: Die andere ist das weitverbreitete Unwissen über die sozialen und kulturellen Hintergründe der Ratsuchenden."*[3]

In der afrikanischen katholischen Gemeinde in Wien (ACC) begegnen sich Menschen mit ähnlichem kulturellem Hintergrund und feiern so Gottesdienste, wie sie es aus ihren afrikanischen Herkunftsländern gewohnt sind. Die Gemeinde ist ein Ort des religiösen und sozialen Lebens. Sie stellt auch eine Anlaufstelle für Hilfesuchende dar. Religion hat im Leben von AfrikanerInnen eine große Bedeutung, seien es traditionelle Stammesreligionen, christliche Glaubensrichtungen oder der Islam.

Wenn AfrikanerInnen in die ACC gehen, dann erleben sie dort Heimat in der Fremde, werden abgeholt, wo sie stehen. Wer Gottesdienste in der ACC erlebt, dem / der fällt auf, dass sie sich von Messen mit österreichischen Priestern und Gläubigen unterscheiden. Dahinter steht nicht nur der kulturelle Unterschied, sondern auch eine damit verbundene theologische Richtung, die Theologie der Inkulturation.

Hat diese Inkulturation auch eine Bedeutung außerhalb der Kirchenmauern oder sogar eine Relevanz für die Sozialarbeit mit AfrikanerInnen in Wien? Kann die Zusammenarbeit von SozialarbeiterInnen und einer katholischen Gemeinde die Arbeit mit KlientInnen aus afrikanischen Ländern positiv beeinflussen? Kann die Berücksichtigung von Religion, der Religiosität von KlientInnen für die tägliche Arbeit von SozialarbeiterInnen hilfreich sein? Mit der folgenden Arbeit wird versucht, der Beantwortung dieser Fragen näher zu kommen. Es wurde dafür eine Methoden übergreifende Arbeitsweise (qualitative und quantitative

---

1 Vgl. BMI, Asylstatistik 2007, URL:
http://www.bmi.gv.at/downloadarea/asyl_fremdenwesen_statistik/2008/Asyl%20-%20Jahresstatistik%20%202007.pdf, Dezember 2008.
2 Vgl. Interview 1 und 3 mit den beiden SozialarbeiterInnen.
3 Treuheit / Otten 1986, 55.

Forschung) gewählt, um dem Facettenreichtum des Themas besser gerecht zu werden und die betroffenen Gruppen (SozialarbeiterInnen, Seelsorger und AfrikanerInnen) zu Wort kommen zu lassen und ihre Sicht der Dinge besser darstellen zu können.

I. Theorie

2. Migration

2.1. Migration – allgemein

„Migration – verstanden als Gestaltung kultureller Übergänge – ist eine Erfahrung, in der sich ein Individuum oder eine Familie auf eine Reise durch viele Phasen und soziale Systeme begibt und sich eine neue Heimat schafft." [4]

Migration bedeutet, dass Menschen ihre Heimat verlassen, um in einer Aufnahmegesellschaft zu leben. Die Gründe für diesen Schritt können sehr vielfältig sein: Krieg, wirtschaftliche Not, Arbeitssuche, Heiratsmigration, Familiennachzug, ... Selbst innerhalb bestimmter Gruppen gibt es große Unterschiede. Menschen sind individuelle Persönlichkeiten, haben je eigene Schicksale und Geschichten. Ethnizität, Sprache, Religion, soziale Klasse, Geschlechterrolle und Familienhierarchie sind Indikatoren, an denen diese Unterschiede sichtbar werden können.

Der Start im Aufnahmeland steht in engem Zusammenhang mit dem jeweiligen Aufenthaltsstatus. Es ist ein großer Unterschied, ob jemand als AsylwerberIn, Familienmitglied oder Schlüsselkraft kommt. Von diesem Status hängen auch die finanzielle Situation und die Anerkennung im Aufnahmeland ab. AsylwerberInnen haben kaum Zugang zum Arbeitsmarkt und wenig finanzielle Ressourcen. Sie leben oft in großen Häusern mit anderen AsylwerberInnen aus verschiedensten Nationen, teilen ihr Zimmer mit Anderen und leben in großer Ungewissheit, was ihre Zukunft betrifft. Wer als Schlüsselkraft in Österreich lebt und arbeitet, braucht ein Mindestbruttoeinkommen von 2.304 Euro (Stand 2007).[5] Ein so hohes Einkommen bringt einen anderen Lebensstandard mit sich und zumeist auch eine andere Anerkennung in der Gesellschaft.

Migration bedeutet in vielen Fällen einen Bruch mit dem bisherigen Leben. Menschen verlassen ihre gewohnte Umgebung, ihr soziales Umfeld und fangen in einem fremden Land neu an. Diese Erfahrung bringt Stress mit sich, vor allem dann, wenn Personen geflüchtet sind und am Weg Gefahren ausgesetzt waren.[6]

„Migration bedeutet eine große Leistung, die meist nicht bewusst ist. Häufig wird Migration als psychischer und sozialer Entwertungsprozess erlebt. Mitgebrachtes wird als unbrauchbar

---

4 Radice von Wogau 2004, 46.
5 Vgl. Schuhmacher / Peyrl 2007, 69.
6 Vgl. Radice von Wogau 2004, 46 – 47.

entwertet. Oft geschieht das auch durch die MigrantInnen selbst. Die eingeschränkte Ausdrucksfähigkeit in der Sprache der Aufnahmegesellschaft führt unreflektiert leicht zu einer Fehleinschätzung hinsichtlich der sozialen und intellektuellen Fähigkeiten des Anderen. Mangelnde verbale Ausdrucksfähigkeit kann so unbewusst als Ausdruck geringer Bildung gewertet werden und beeinflusst die innere Haltung dem Anderen gegenüber in negativer Weise. Zur Selbstentwertung kommt die Entwertung durch VertreterInnen der Aufnahmegesellschaft."[7]

Migration bietet auch Konfliktpotenzial: Der Verlust der Heimat bringt Verunsicherung. Traditionen werden bewahrt, um die eigene Identität nicht zu verlieren. Ein Ausdruck dafür können auch arrangierte Ehen sein. Die Heimatkultur wird idealisiert, dennoch ist eine Rückkehr nicht so leicht möglich, da Kinder und Enkel im Aufnahmeland leben, das Herkunftsland sich verändert hat und man auch selbst vom Aufnahmeland geprägt ist.[8]

2.2. Migration von AfrikanerInnen nach Europa / Österreich

Afrika ist ein Kontinent der Vielfalt. Mehr als 50 Nationen gehören mehreren Tausend ethnischen Gruppen an und sprechen an die tausend anerkannte Sprachen. Religion spielt eine bedeutende Rolle im Leben von AfrikanerInnen: Mehr als 40 Prozent gehören dem Islam an, knapp 50 Prozent bekennen sich zum Christentum und 10 Prozent praktizieren traditionelle afrikanische Religionen oder gehören anderen Religionen an.[9]

Es gibt unterschiedliche Gründe, warum Menschen migrieren. AfrikanerInnen wurden als SklavInnen von ihrem Kontinent, aus ihren Heimatgebieten verschleppt. Heute verlassen Menschen ihre Heimat, um zu studieren, dem Ehepartner / der Ehepartnerin nachzuziehen oder sie werden durch wirtschaftliche Not oder Krieg dazu getrieben. Es gibt eine enorme Vielfalt von Gründen, warum Menschen ihr Glück in einem anderen Land versuchen.

Die Migration von AfrikanerInnen nach Österreich ist von zwei zentralen Strängen gekennzeichnet: Seit den 1960er Jahren kam es zu einer Eliten- und StudentInnenmigration. Diese Form war bis in die 1980er Jahre dominant.

Die ersten StudentInnen kamen aus Ghana und später aus Nigeria nach Österreich. Diese erhielten oftmals Unterstützung durch das katholische Afro-Asiatische Institut in Wien. Die Eröffnung des Vienna International Centre 1979 förderte die Zuwanderung von Angestellten internationaler Organisationen (UNO).

---

7 Tatschl 2009, 11.
8 Vgl. Radice von Wogau 2004, 47.
9 Vgl. Van Dijk 2004, 15.

Ab den 1980er Jahren und vor allem seit den 1990er Jahren hat sich die Situation verändert. Mittlerweile herrscht die Flüchtlings- und Armutsmigration vor.[10] Eine weitere Veränderung erfuhr die Migration von AfrikanerInnen durch den wachsenden Frauenanteil. Dieser war bis in die 1990er Jahre sehr niedrig: 2001 betrug er laut Statistik Austria in Wien 35 Prozent.[11]

Gründe für diese Änderung der Migrationsmuster sind in der Verschlechterung von ökonomischen Bedingungen und Menschenrechtssituationen sowie in zahlreichen Bürgerkriegen zu finden. Ebenso wie der Frauenanteil stieg der Anteil an unbegleiteten minderjährigen Flüchtlingen. Zu den Hauptherkunftsländern zählen Nigeria, Ghana, Sierra Leone und der Sudan. Viele afrikanische MigrantInnen arbeiten in unqualifizierten Berufen und sehen sich oft mit Diskriminierung konfrontiert.[12]

„Dies führte zur Wahrnehmung dieser Herkunftsgruppen als ‚visible minority', die gleichsam eine Homogenisierung dieser sehr heterogenen Gruppe von ImmigrantInnen im öffentlichen und politischen Diskurs implizierte. Afrikanische MigrantInnen gehören zu jenen Gruppen in Österreich, die am Häufigsten Diskriminierungen im öffentlichen Raum, im Wohnbereich, am Arbeitsplatz und beim Kontakt mit öffentlichen Institutionen erfahren."[13]

2.3. Die österreichische Migrationspolitik[14]

„Europa ist dabei, eine Festung gegen Einwanderung zu bauen. An den Außengrenzen werden die Zäune und Überwachungsanlagen verstärkt. Im Mittelmeer und auf dem Atlantik patrouilliert die Marine, um Flüchtlingsboote aufzuhalten. Im Inneren Europas werden Gesetze geschaffen, die Ausländer von der Gesellschaft weiter ausschließen, und die unsichtbaren Barrieren gegen Einwanderer und ihre Nachkommen verdichten sich, bis hin zur Bildung von Gettos in den großen Städten. Dieser Festungsbau ruft Widerstand hervor: Die Festung Europa wird unterlaufen und immer öfter auch gestürmt."[15]

Wenn es um die Einwanderung aus Drittstaaten geht, wird Europa auch als Festung bezeichnet. Die Grenzkontrollen innerhalb der EU werden abgebaut und parallel dazu die Außengrenzen immer stärker kontrolliert. Die Migration nach Europa gestaltet sich immer schwieriger. Was für die europäische Migrationspolitik gilt, gilt auch für Österreich. An dieser Stelle sollen kurz die wichtigsten politischen Entscheidungen und Gesetzesänderungen der letzten Jahre in der österreichischen Migrationspolitik aufgezeigt werden.

---

10 Vgl. Waldrauch / Sohler 2004, 356 – 357.
11 Vgl. Waldrauch / Sohler 2004, 142.
12 Vgl. Waldrauch, / Sohler 2004, 358 – 360.
13 Waldrauch / Sohler 2004, 361.
14 Vgl. Schuhmacher / Peyrl 2007.
15 Milborn 2006, 6.

„Mit dem Fremdenrechtspaket 2002 wurde die Neuzuwanderung auf Schlüsselkräfte mit besonderen fachlichen Qualifikationen beschränkt und die Quote für weniger qualifizierte Arbeitskräfte abgeschafft."[16]

Parallel dazu wurde die temporäre Arbeitsmigration ausgeweitet.[17] Die Asylgesetznovelle 2003 führte zur Beschneidung von Verfahrensrechten.[18] Die Situation von AsylwerberInnen hat sich in Österreich sukzessive verschlechtert.

Mit 1. 1. 2006 trat das Fremdenrechtpaket 2005 und die Staatsbürgerschaftsnovelle 2005 in Kraft. Auf die konkreten Änderungen und Auswirkungen kann in dieser Arbeit nicht eingegangen werden, da das den Rahmen sprengen würde. Es kam aber zum völligen Neuerlass des Niederlassungs- und Aufenthaltsgesetzes, des Fremdenpolizeigesetzes und des Asylgesetzes. Die Möglichkeiten der Zuwanderung, vor allem für nicht EU-BürgerInnen wurden durch die Entwicklungen der letzten Jahre drastisch eingeschränkt, ebenso die Möglichkeit zur Erlangung der österreichischen Staatsbürgerschaft.

---

16 Waldrauch / Sohler 2004, 88.
17 Vgl. Waldrauch / Sohler 2004, 88.
18 Vgl. Waldrauch / Sohler 2004, 92.

3 Sozialarbeit mit MigrantInnen

Zu den vielen Handlungsfeldern der Sozialarbeit gehört auch das Handlungsfeld Migration. In diesen Bereich fällt die Betreuung, Begleitung und Beratung von MigrantInnen, vor allem von Flüchtlingen, AsylwerberInnen, aber auch von Menschen mit Migrationshintergrund. Die in den vorhergehenden Kapiteln geschilderten Situationen, wie aktuelle Migrationsbewegungen, die Zunahme der Armuts- und Flüchtlingsmigration, Diskriminierung von AfrikanerInnen, sowie die verschärfte und zunehmend restriktive österreichische Migrationspolitik haben auch unmittelbare Auswirkungen auf die Sozialarbeit mit MigrantInnen. Oftmals bildet die aktuelle Gesetzeslage den Rahmen für sozialarbeiterisches Handeln. Besondere Situationen oder gesellschaftliche Veränderungen erfordern adäquate Antworten, um KlientInnen effizient unterstützen zu können.

Welche Ansätze sind für die Sozialarbeit mit MigrantInnen besonders relevant?

Im folgenden Teil sollen einige dieser Ansätze vorgestellt werden.

3.1 Verschiedene Ansätze und Methoden

3.1.1 Die Soziale Einzel(fall)hilfe

Die Soziale Einzel(fall)hilfe wurde von Mary Richmond in den USA begründet und zählt zu den klassischen Methoden der Sozialarbeit. 1917 wurde ihr Werk „Social Diagnosis" veröffentlicht.[19] Die Methode ist stark an medizinischen und psychologischen Modellen orientiert.

In Deutschland wurde Alice Salomon zur Vertreterin dieser Methode, die stark psychoanalytisch fundiert ist.[20] Unter soziale Einzelhilfe fallen viele Konzepte. Es können jedoch folgende Gemeinsamkeiten dargestellt werden:[21]

- Soziale Einzelhilfe richtet sich immer an einzelne Individuen und sucht die zu bearbeitenden Probleme primär in den Personen selbst.
- Die Veränderungsabsicht bezieht sich vor allem auf die Individuen, ihre Kompetenzen, Qualifikationen, Sichtweisen und Verhaltensweisen.

„Soziale Einzelhilfe wird verstanden als therapeutische Intervention, die mittels Einstellungs- und Verhaltensänderung zu einer Veränderung der problematischen Lebenslage beiträgt."[22]

---

19 Vgl. Galuske 2007, 74.
20 Vgl. Galuske 2007, 74 – 75.
21 Vgl. Galuske 2007, 77 – 79.

- Das tragende Element des Hilfsprozesses ist die „helfende Beziehung". Ohne eine gute Vertrauensbasis und eine intakte Beziehung zwischen KlientIn und SozialarbeiterIn kann soziale Einzelhilfe nicht gelingen.

„Das Ziel des Hilfsprozesses ist in allen Fällen die Steigerung des Wohlbefindens des Klienten / der Klientin mittels besserer Balance zwischen Individuum und Umwelt. Um dieses Ziel zu erreichen, wird eine verbesserte Anpassung angestrebt."[23]

Trotz der oben genannten Gemeinsamkeiten gibt es unterschiedliche Konzepte der Einzelfallhilfe. An dieser Stelle seien folgende genannt:[24]

- Der psychosoziale Ansatz
- Der funktionale Ansatz
- Der problemlösende Ansatz

Der Hilfsprozess gliedert sich generell in folgende Phasen:[25]

- Fallstudie / Anamnese
- Soziale Diagnose
- Behandlung

3.1.2 Sozialpädagogische Beratung

Die Entwicklung dieser Beratungsrichtung erfolgte ab Mitte der 1970er Jahre als Reaktion auf die zunehmende Therapeutisierung von Beratungsangeboten.[26]
Die Merkmale Sozialpädagogischer Beratung sind:[27]

- Die Festlegung des Kompetenzbereiches der Beratung erfolgt in Bezug auf regionale Einheiten oder „Problemgruppen".
- Innerhalb des Tätigkeitsfeldes gibt es keine Beschränkung auf Themen oder Aufgaben: „Allzuständigkeit der Sozialpädagogen". Die KlientInnen bringen was sie bewegt in die Beratung und das wird dann dort thematisiert.
- Sozialpädagogische Beratung ist für verschiedene Beratungsformen, Adressatengruppen und Settings offen.

---

22 Galuske 2007, 78.
23 Galuske 2007, 79.
24 Ebd.
25 Vgl. Galuske 2007, 83.
26 Vgl. Galuske 2007, 171.
27 Vgl. Galuske 2007, 172 – 173.

„Sozialpädagogische Beratung ist Beratungshandeln in der Komplexität alltäglicher Problemlagen und Problemlösungsstrategien." Sie ist *„auf die Belebung der Alltagstechniken der Konflikt- und Krisenbewältigung gerichtet."*[28]

Sozialpädagogische Beratung findet in spezifischen Beratungseinrichtungen, aber auch im sozialpädagogischen Betreuungsalltag statt. Es handelt sich um eine „alltagsorientierte Beratung". Ihr besonderer Vorteil ist die Lebensnähe.[29]

Sozialpädagogische Beratungsinstitutionen sind durch zwei Merkmale gekennzeichnet:[30]

- Durchsichtigkeit der Beratungsinstitutionen (größtmögliches Maß an Zugänglichkeit und eine Transparenz der Methoden)
- Lokalisierung der Beratung (alltagsnahe Einbindung von Beratungsinstitutionen in die Region)

Abschließend möchte ich eine Definition von Thiersch aus dem Jahre 1977 zitieren:

„Sozialpädagogische Beratung sollte parteinehmende Praxis sein, die, gestützt aus Persönlichkeits- und Gesellschaftstheorie, durch reflektierte Beziehungen und Erschließen von Hilfsquellen verschiedener Art das Unterworfensein von Menschen unter belastenden Situationen verändern will. Sie hat die Offenheit von menschlichen Situationen zur Voraussetzung und arbeitet mit den zugleich methodischen wie inhaltlichen Mitteln der Akzeptierung, Sachkompetenz und Solidarisierung. Eine solche Zieldefinition zeigt, dass Beratung zwar mit Interaktion zwischen Personen beginnt, aber nicht dort verbleibt, sondern menschliche Lebensumstände mit ihrer mehrdimensionalen, insbesondere auch sozioökonomischen Bedingtheit angehen will."[31]

3.1.3. Lebensweltorientierung

Sein Verständnis von sozialpädagogischer Beratung bzw. sozialer Beratung hat Hans Thiersch in einem eigenen Konzept herausgearbeitet. Er prägte den Begriff der Alltagsorientierung und entwickelte daraus die Lebensweltorientierung der Sozialen Arbeit.

„Voraussetzung aller Beratung ist das Wissen um Lebensverhältnisse, um Lebenseinschränkungen und Lebensmöglichkeiten, wie sie unabhängig von Beratungskonzepten und ihrem Verständnis von Hilfsbedürftigkeit und Hilfschancen erfahren werden."[32]

---

28 Galuske 2007, 173.
29 Vgl. Galuske 2007, 173.
30 Vgl. Galuske 2007, 174 – 175.
31 Thiersch 1977, in: Galuske 2007, 175.
32 Thiersch 1995, 131.

KlientInnen sind mit vielen therapeutischen Angeboten konfrontiert und werden nach Therapiekonzepten behandelt. Lebensweltorientierung bedeutet auf den konkreten Menschen in seiner konkreten Situation einzugehen, und bei Hilfsangeboten und Unterstützungsmaßnahmen im jeweiligen konkreten Alltag anzusetzen. Menschen sollen in der Normalität des Lebens und ihrer Bewältigungsmuster im Alltag gestützt werden.[33] Die Prinzipien lebensweltorientierter Sozialer Arbeit lauten: Prävention, Regionalisierung, Niederschwelligkeit, Integration, Partizipation und vernetzende Praxis.[34]

3.1.4. Soziale Netzwerkarbeit

„Unter Sozialer Netzwerkarbeit versteht man ein sozialpädagogisches Handlungsmodell, das aufbauend auf Methoden und Befunden der sozialen Netzwerkforschung durch die Analyse, Nutzung, Gestaltung und Ausweitung des Beziehungsgeflechts der Klienten zu Personen, Gruppen und Institutionen auf eine Optimierung ihrer Unterstützungsnetzwerke und damit auf die Stärkung ihrer Selbsthilfepotenziale abzielt und sich zu diesem Zweck unterschiedlichster Techniken der Analyse von und Einflussnahme auf Klientennetzwerke bedient."[35]

Der Ursprung dieser Methode liegt in den 1950er Jahren. Grundsätzlich können drei Formen von Netzwerken unterschieden werden:[36]

- Primäre oder mikrosoziale Netzwerke:
  Zu diesem Netzwerk gehören die Familie, Verwandte, NachbarInnen, FreundInnen, ... Diese Ebene ist von einer gewissen Dichte und von „face to face" Beziehungen geprägt.
- Sekundäre oder makrosoziale Netzwerke:
  Zu diesem Bereich zählen Bildungssystem, Arbeitsplatz, Freizeiteinrichtungen, usw., Institutionen, die das Alltagsleben von Individuen entscheidend prägen.
- Tertiäre oder mesosoziale Netzwerke:
  Darunter versteht man Beziehungen, die zwischen dem privaten und dem „öffentlichen" Sektor angesiedelt sind. Zu diesem Bereich zählen Selbsthilfegruppen und Nichtregierungsorganisationen.

Kriterien für die beschriebenen Beziehungsnetzwerke sind Interaktionskriterien, Interaktionsinhalte, die Qualität der Interaktion, die Rolle der Beteiligten, Strukturmerkmale und deren Funktionen.[37]

---

33 Vgl. Thiersch 1995, 141.
34 Vgl. Füssenhäuser / Thiersch 2001, 1876.
35 Galuske 2007, 285.
36 Vgl. Galuske 2007, 286 – 287.
37 Vgl. Galuske 2007, 287 – 288.

Soziale Netzwerke können wertvolle Ressourcen, aber auch Belastungen darstellen. Das gilt besonders für das primäre Netzwerk: Familie und Freunde können Geborgenheit vermitteln, in Krisen unterstützen, Orte der Erholung sein. Es kann jedoch auch zu Krisen, wie Beziehungsproblemen, schwerer Erkrankung, Tod einer nahestehenden Person, finanziellen Problemen, ... kommen. Dann gilt oft das Sprichwort: „Mitgehangen, mitgefangen" und die familiäre Situation wirkt sich belastend auf das Individuum aus. Innerhalb solcher Netzwerke existieren auch Erwartungen und Abhängigkeiten.[38]

Soziale Netzwerkarbeit versucht innerhalb vorhandener Netzwerke zu arbeiten und vorhandene Ressourcen zu nutzen, in dem diese optimiert und eventuell auch erweitert werden.

Die 5 Strategien sozialer Netzwerkarbeit können die Anliegen dieser Methode verdeutlichen:[39]

- Die Erhaltung des Netzwerkes
- Die Erweiterung des Netzwerkes
- Die Redefinition des Netzwerkes durch Vertiefung
- Die „Sanierung" des Netzwerkes
- Die Stärkung des Umfeldes des sozialen Netzwerkes

In der Arbeit mit MigrantInnen kommen BeraterInnen alleine oft nicht weiter, da es in der Beratung soziale, kulturelle, migrationsspezifische, religiös-ethische und rechtliche Fragen gibt, die es zu beachten gilt. In diesen komplexen Fällen kann die Vernetzung von professionellen Partnern mit den Systemen von Migrierten eine wichtige Verbesserung für die Beratung darstellen.[40]

Viele KlientInnen in diesem Bereich kommen aus Kulturen oder Ethnien mit einem ausgeprägten Kollektivbewusstsein, in denen individuelle Problemlösungen nicht vorgesehen sind. In diesen Fällen spielen soziale Netzwerke eine noch bedeutendere Rolle.

Ein weiterer Aspekt ist die Rolle von Systemen wie die der sozialen Sicherung, der Bildung und des Sozialversicherungssystems. Diese erscheinen oftmals komplex und verwirrend, umso mehr für Personen, in deren Herkunftsländern solche Systeme nicht oder nur unzureichend existieren. Ohne Zusammenarbeit und eine gute Vernetzung stellen diese Systeme keine Hilfen, sondern Hürden bei der Bewältigung des Alltags für MigrantInnen dar.[41]

---

38 Vgl. Galuske 2007, 288 – 289.
39 Vgl. Galuske 2007, 290.
40 Vgl. Eimermacher 2004, 65.
41 Vgl. Eimermacher 2004, 66-67.

Die sozialen Netzwerke von MigrantInnen lassen sich in vier Bereiche gliedern:[42]

- Das persönliche Netzwerk (Familie, Verwandte, FreundInnen, Schul- oder ArbeitskollegInnen, ...)
- Die Migrantencommunity (dazu zählen Klubs, Vereine, Kultur- und Begegnungszentren, religiöse Gemeinschaften, ...)
- Institutionen und Organisationen
- Nachbarn, Vereine, Gruppen

Ein wichtiges Instrument der Netzwerkarbeit ist die Netzwerkkarte, auf der Beziehungen und deren Qualität veranschaulicht werden können. So können Ressourcen sichtbar gemacht werden.[43]

Was sind Indikatoren für eine erfolgreiche Netzwerkarbeit?[44]

- Gemeinsame, klare Ziele
- Verbindlichkeit: Klare Kooperationsabsprachen und -vereinbarungen
- Eine tragfähige Kommunikations- und Informationskultur
- Anerkennung der unterschiedlichen Kompetenzen
- Horizontale – egalitäre – Beziehungen (Zusammenarbeit „auf gleicher Augenhöhe")
- Vertrauen und Verlässlichkeit
- Konfliktfähigkeit
- Zeit und Kontinuität

3.1.5 Interkulturelle Kompetenz

Bei der Suche nach einem Kultur- oder Kulturationsbegriff, der von Relevanz für die Sozialarbeit mit MigrantInnen ist, wird man sehr schnell mit dem Begriff „interkulturelle Kompetenz" konfrontiert.

Interkulturelle Kompetenz kann zu einer wichtigen Fähigkeit in der Arbeit mit und der Beratung von MigrantInnen werden.

„Interkulturelle Kompetenz ergibt sich aus dem kompetenten Umgang mit kultureller Unterschiedlichkeit und der Herstellung von Kooperation in einer solchen Unterschiedlichkeit."[45]

---

42 Vgl. Eimermacher 2004, 67-68.
43 Vgl. Eimermacher 2004, 70.
44 Vgl. Eimermacher 2004, 74-76.
45 Hegemann 2004, 82.

„Der Begriff der interkulturellen Kompetenz wird im interkulturellen Forschungsfeld übereinstimmend beschrieben als ‚dauerhafte Fähigkeit, mit Angehörigen anderer Kulturen erfolgreich und kultursensibel interagieren zu können', bzw. als die ‚Fähigkeit zur erfolgreichen Bewältigung kultureller Überschneidungssituationen'."[46]

Als Schwerpunkte des interkulturellen Kompetenztrainings gelten:[47]

- Gesundheit und Krankheit
- Soziale Rollen und Gender
- Familiäre Lebenszyklen
- Eigene kulturelle Tradition
- Lebenswirklichkeit
- Haltung der Allparteilichkeit

Eine interkulturell kompetente Institution zeichnet sich durch verschiedene Faktoren aus. Sie ist eine lernende Organisation, die Konsequenzen aus der erlebten Praxis zieht und sich dadurch weiterentwickelt. Interkulturelle Qualität entscheidet sich im Wesentlichen durch die vorhandenen Rahmenbedingungen. Ebenso spielt die Qualifizierung Einzelner eine wichtige Rolle.[48] Ebenso kommt es in solchen Institutionen zu einer verstärkten Berücksichtigung von MitarbeiterInnen mit Migrationshintergrund und durch die Förderung interkultureller Kompetenz zur Bildung von multiethnischen Teams.[49]

Folgende Kriterien tragen wesentlich zur interkulturellen Qualität bei:[50]

- Kulturorientierte Personalpolitik
- Epidemiologische Forschung und Bestandserhebung
- Bereitstellung von Dolmetscher- und Übersetzungsdiensten
- Einführung von interkultureller Kompetenz in die Standardcurricula
- Interkulturelles Qualitätsmanagement

„Interkulturelle Kompetenz gehört in den Bereich des lebenslangen Lernens und ist als Transferleistung zu begreifen – als die Fähigkeit, allgemeine und persönlichkeitsbezogene Kompetenzen auch in interkulturelle Handlungskontexte einbeziehen zu können."[51]

---

46 Koptelzewa 2004, 64.
47 Vgl. Hegemann 2004, 84 – 89.
48 Hegemann 2004, 89.
49 Vgl. Wohlfart / Penka 2009, 15.
50 Hegemann 2004, 90.
51 Stompe 2009, 38.

4. Einrichtungen für MigrantInnen in Wien

Wer migriert, befindet sich in einer Phase des kulturellen Überganges (siehe Kapitel Migration). Das Gelingen dieses kulturellen Überganges hängt von folgenden Faktoren ab:[52]

- Den persönlichen Ressourcen der Migrierenden
- Zugänglichkeit von Unterstützungssystemen (Community, Herkunftsfamilie)
- Netzwerkarbeit[53]
- Entwicklung von Problemlösungsstrategien
- Auseinandersetzungen mit der eigenen und der Kultur des Aufnahmelandes
- Integrationsleistungen des Aufnahmelandes

Die Tätigkeiten und Integrationsleistungen des Aufnahmelandes sollen nun am Beispiel der Stadt Wien näher ausgeführt werden.

4.1 WIF Wiener Integrationsfonds / MA 17

Wie können interkulturelle Öffnung und die Anwendung interkultureller Kompetenz in der Praxis aussehen? Eine Einrichtung, die an solchen Prozessen aktiv beteiligt war und durch ihre Nachfolgeeinrichtung, die MA 17 nach wie vor beteiligt ist, ist der Wiener Integrationsfonds.

In den 1990er Jahren wurden politische Programme zur Integration von MigrantInnen entwickelt. In Wien entstand 1992 der Wiener Integrationsfonds (in weiterer Folge: WIF).[54]

Der WIF baute lokale Stellen zur Integration und Mediation auf, insbesondere in Stadtteilen mit einem hohen EinwandererInnenanteil an der Wohnbevölkerung. Ebenso wurden schulische Integration und interkulturelle Jugendarbeit unterstützt. Im Rahmen der „Sprachoffensive" wurden seit 1998 Deutschkurse gefördert. Ebenso kam es zur (unter anderem finanziellen) Förderung von Vereinen, die in der Integrations-, Sozial- und Kulturarbeit von und für MigrantInnen tätig waren.[55]

---

52 Vgl. Radice von Wogau 2004, 48.
53 Vgl. Kapitel 3.1.4 Soziale Netzwerkarbeit.
54 Vgl. Waldrauch / Sohler 2004, 116.
55 Vgl. Waldrauch / Sohler 2004, 117.

Zunehmend wichtiger wurde die politische Öffentlichkeitsarbeit für Gleichstellung und gegen Diskriminierung von MigrantInnen.[56]

Mit Beschluss des Wiener Gemeinderates vom 1. Juli 2004 wurde der Wiener Integrationsfonds aufgelöst. Einen Großteil der Aufgaben führt seither die 2004 neu gegründete MA 17 - Integrations- und Diversitätsangelegenheiten - weiter.[57] Die MA 17 versteht sich als Schnittstelle zwischen MigrantInnenorganisationen, Nicht - Regierungsorganisationen und der Stadt Wien.[58]

Zu den vielfältigen Aufgabenbereichen der MA 17 gehören:[59]

- Stadtteilarbeit – Förderung des Zusammenlebens
- Förderung von Spracherwerbsmaßnahmen
- Partizipation fördern
- Startcoaching für Neuzugewanderte
- Vergabe finanzieller Förderungen
- Unterstützung von Projekten, Initiativen, Vereinen
- Unterstützungen und Schulungen für Dienststellen der Stadt Wien
- Vernetzungsarbeit
- Informationsveranstaltungen
- Entwicklung von Pilotprojekten für Wien

Die MA 17 beschäftigt 48 MitarbeiterInnen aus 14 Ländern, die 23 Sprachen beherrschen.[60]

4.2 MA 35

Eine für MigrantInnen in Wien ebenso bedeutsame Behörde ist die MA 35 – Einwanderung Staatsbürgerschaft, Standesamt.[61] Die Antragsstellung auf Erteilung eines Aufenthaltstitels muss in vielen Fällen im Herkunftsland erfolgen. Nach genehmigter und erfolgter Einreise muss der erteilte Aufenthaltstitel bei der MA 35 abgeholt werden. Dort werden auch Anträge auf Verlängerung oder

---

56 Vgl. Waldrauch / Sohler, 2004, 118.
57 Vgl. URL: http://www.stadtbibliothek.wien.at/cgi-ma09/embed-wo.pl?lang=-de&l=3&doc=http://www.stadtbibliothek.wien.at/bibliothek/erwerb/2005/integrationsfonds-de.htm, Jänner 2009.
58 Vgl. URL: http://www.wien.gv.at/integration/, Jänner 2009.
59 Vgl. URL: http://www.wien.gv.at/integration/arbeits.html, Jänner 2009.
60 Vgl. URL: http://www.wien.gv.at/integration/arbeits.html, Jänner 2009.
61 Vgl. URL:
http://www.magwien.gv.at/advuew/internet/AdvPrSrv.asp?Layout=stelle&Type=R&HLayout=personen&AUSSEN=Y&Suchstr=Magistratsabteilung+35, Jänner 2009

Zweckänderung gestellt.[62] Es gibt u. a. Referate für Erwerbstätigkeit, Erstanträge sowie Grunderwerb & EWR. Anträge auf Verleihung der österreichischen Staatsbürgerschaft werden ebenfalls bei der MA 35 eingebracht.

4.3 Start Wien[63]

Seit Oktober 2008 gibt es ein neues Projekt der Stadt Wien: Start Wien – Startcoaching für Neuzugewanderte in Wien.

Die Zielgruppe sind Neuzugewanderte aus Drittstaaten, die im Rahmen der Familienzusammenführung als Angehörige von ÖsterreicherInnen oder Drittstaatsangehörigen nach Wien gekommen sind. Durchgeführt wird das Angebot von der MA 17 (Abteilung Diversitäts- und Integrationsangelegenheiten).

Nach Übernahme der Erstniederlassungsbewilligung bei der MA 35 (Abteilung für Einwanderung, Staatsbürgerschaft, Standesamt) kann eine Erstberatung durch einen Mitarbeiter oder eine Mitarbeiterin der MA 17 in Anspruch genommen werden. Die Erstberatung erfolgt individuell und muttersprachlich und wird in 15 Sprachen angeboten. Dabei wird sowohl der Wiener Bildungspass mit den Wiener Sprachgutscheinen ausgehändigt, als auch die Bildungspass-Dokumentenmappe und der Wiener Bildungspass-Stadtplan. Wer dieses Angebot in Anspruch nimmt, erhält Hinweise auf muttersprachliche Infomodule. Diese Infomodule finden in Form von Vorträgen einmal im Monat in verschiedenen Sprachen statt und können von allen Interessierten besucht werden.

Neuzugewanderte werden bei der Suche nach einem passenden Deutschkurs unterstützt und erhalten Unterstützung bei der Planung der nächsten Schritte, die wichtig für ihren Aufenthalt in Wien sind.

---

62 Vgl. URL:
http://www.wien.gv.at/verwaltung/personenwesen/einwanderung/aufenthalt/zustaendigkeit.html, Februar 2009
63 Vgl. URL: http://www.wien.gv.at/integration/startwien.html, März 2009

5 Angebote kirchlicher Organisationen für MigrantInnen in Wien

Auch kirchliche Trägerorganisationen spielen eine wesentliche Rolle bei der Betreuung, Beratung und Begleitung von MigrantInnen in Wien. Als Beispiele möchte ich die evangelische Diakonie und die katholische Caritas nennen. Die Angebote, die diese beiden Organisationen in Wien setzen, führe ich nachfolgend an:

5.1 Diakonie[64]

5.1.1. Amber-Med

Diese Einrichtung bietet eine ambulante medizinische Versorgung, soziale Beratung und Medikamentenversorgung für Menschen ohne Versicherungsschutz.[65]

5.1.2 Flüchtlingshäuser

Derzeit hat die Diakonie in Wien drei Flüchtlingshäuser:

- Das Flüchtlingshaus Grimmgasse[66] ist seit Mai 2004 ein Grundversorgungsquartier. Der Schwerpunkt liegt bei alleinstehenden Männern; es gibt auch Platz für sechs Familien. Beschäftigungsprojekte, Freizeitangebote und Deutschkurse zählen zu den Angeboten dieser Einrichtung.
- Das Flüchtlingshaus Neu Albern[67] beherbergt 128 Männer und ist ebenfalls ein Grundversorgungsquartier.
- Das Flüchtlingshaus Rossauerlände[68] beherbergt ungefähr 170 Personen und hat seinen Schwerpunkt auf Familien gelegt. Es gibt spezielle Angebote für Kinder und Zusammenarbeit mit einem nahe gelegenen Jugendzentrum. Deutschkurse und Angebote von ehrenamtlichen MitarbeiterInnen stehen den BewohnerInnen ebenso zur Verfügung.

---

64 Vgl. URL: http://www.diakonie.at/goto/de/taetigkeitsbereiche/migrantinnen-und-fluechtlinge/einrichtungen?bundesland=wien, Februar 2009
65 Vgl. URL: http://amber.diakonie.at/, Februar 2009
66 Vgl. URL: http://fluechtlingsdienst.diakonie.at/goto/de/was/unterbringung/testeinrichtung/besondere-aktivitaeten, März 2009
67 Vgl. URL: http://fluechtlingsdienst.diakonie.at/goto/de/was/unterbringung/fluechtlingshaus-neu-albern/besondere-aktivitaeten, März 2009
68 Vgl. URL: http://fluechtlingsdienst.diakonie.at/goto/de/was/unterbringung/fluechtlingshaus-rossauer-laende/besondere-aktivitaeten, März 2009

5.1.3 Interkultureller Kindergarten Ottakring[69]

Der Kindergarten besteht aus einer Familiengruppe mit 25 Kindern zwischen 3 und 6 Jahren. Zu den Schwerpunkten zählen der Erwerb von interkultureller Kompetenz, Sprachförderung, Abbau von Vorurteilen und Diskriminierung sowie eine intensive Zusammenarbeit mit den Eltern.

5.1.4 INTO Wien: Integration von Flüchtlingen[70]

Diese Einrichtung bietet Integrationsberatung und Integrationsbegleitung sowie psychosoziale Beratung. Bei Bedarf besteht die Möglichkeit, in projekteigene Integrationsstartwohnungen zu ziehen. Weitere Angebote sind Deutschkurse und Lernbetreuung für 10- bis 15- Jährige.

5.1.5 ELONGÓ: Gemeinwesenorientierte Integration von Flüchtlingsfamilien[71]

Diese Einrichtung vermittelt Buddies an Flüchtlingsfamilien und ermöglicht so die Begegnung zwischen Flüchtlingen und ÖsterreicherInnen. Diese Buddies sollen als AnsprechpartnerInnen fungieren und bei der Integration unterstützen.

5.1.6 Beratungsstelle für Flüchtlinge[72]

Diese Stelle bietet Sozialberatung für Personen an, die Grundversorgung beziehen. Schwerpunkte sind Frauen, unbegleitete minderjährige Flüchtlinge und Konventionsflüchtlinge.

5.1.7 Diakonie Patchwork Institut[73]

Das Institut ging aus dem Bildungsreferat des Diakonie Flüchtlingsdienstes hervor und ist mittlerweile eine selbstständige Einrichtung.

---

69 Vgl. URL: http://kindergaerten.diakonie.at/goto/de/kindergaerten/interkultureller-kindergarten-ottakring, März 2009
70 Vgl. URL: http://fluechtlingsdienst.diakonie.at/goto/de/was/integration/into-wien/besondere-aktivitaeten, März 2009
71 Vgl. URL: http://fluechtlingsdienst.diakonie.at/goto/de/was/integration/elong__x/aktivitaeten, März 2009
72 Vgl. URL: http://fluechtlingsdienst.diakonie.at/goto/de/was/Beratung/beratungsstelle-wien/besondere-aktivitaeten, März 2009
73 Vgl. URL: http://patchwork.diakonie.at/goto/de/startseite, März 2009

Es bietet Workshops und Trainings zur Förderung interkultureller Kompetenz sowie Moderation und Mediation an.

Zielgruppen sind SchülerInnen, LehrerInnen, Pfarrgemeinden, MitarbeiterInnen im Non-Profit-Bereich sowie alle an dem Thema Interessierten. Interkulturelle Unterschiede sollen als Bereicherung und nicht als Problem oder Defizit wahrgenommen werden.

5.2 Caritas der Erzdiözese Wien[74]

5.2.1 Asylzentrum Wien[75]

Das Asylzentrum ist ein Beratungszentrum mit Rechts- und Sozialberatung, das auch Servicestelle des Fonds Soziales Wien ist (Grundversorgung für alle in Wien lebenden AsylwerberInnen). Das Asylzentrum versteht sich als Clearingstelle für AsylwerberInnen.

5.2.2 Sozialdienst am Flughafen[76]

Die Stelle ist das ganze Jahr über täglich geöffnet. Die Betreuung und Begleitung von AsylwerberInnen steht im Vordergrund. Dazu gehören die Versorgung mit lebensnotwendigen Gütern, rechtlicher Beistand und die Begleitung zu grenzpolizeilichen Einvernahmen.

5.2.3 Rückkehrhilfe[77]

Im Zentrum steht die Beratung und Organisation einer freiwilligen Rückkehr in das Heimatland.

Es geht um ein Abwägen von Möglichkeiten in Österreich und im Heimatland und eine gezielte Vorbereitung und Begleitung, wenn sich Personen für die Rückkehr entscheiden.

---

74 Vgl. URL: http://www.caritas-wien.at/hilfe-einrichtungen/asylmigrationintegration/beratung-fuer-asylwerberinnen/, Februar 2009
75 Vgl. URL: http://www.caritas-wien.at/hilfe-einrichtungen/asylmigrationintegration/ beratung-fuer-asylwerberinnen/das-asylzentrum-in-wien/, März 2009
76 Vgl. URL: http://www.caritas-wien.at/hilfe-einrichtungen/asylmigrationintegration/ beratung-fuer-asylwerberinnen/sozialdienst-am-flughafen/, März 2009
77 Vgl. URL: http://www.caritas-wien.at/hilfe-einrichtungen/asylmigrationintegration/ beratung-fuer-asylwerberinnen/rueckkehrhilfe/, März 2009

5.2.4 Psychosoziale Angebote[78]

- Die psychosoziale Servicestelle Wien bietet MigrantInnen und AsylwerberInnen muttersprachliche klinisch-psychologische Diagnostik und Behandlung, psychologische Beratung und Weitervermittlung zu anderen psychosozialen Angeboten an.
- Sozialtherapeutische Arbeit mit Flüchtlingen (StAF) bietet kostenlose Psychotherapie für traumatisierte Personen an, bei Bedarf auch mit professionellen DolmetscherInnen.

5.2.5 MigrantInnenzentrum Wien[79]

Diese Stelle berät zu den Themen Aufenthalt, Beschäftigung und Einbürgerung. Das MigrantInnenzentrum unterstützt auch bei der Arbeitssuche und beim Erlangen einer Beschäftigungsbewilligung. Zu den Angeboten zählt auch Bildungsberatung.

5.2.6 @home – Startwohnungen[80]

Das Startwohnungsreferat vermittelt Startwohnungen, die die Integration und den Neubeginn in Österreich erleichtern sollen.

5.2.7 Flüchtlingswohnhäuser[81]

- Das Karwanhaus bietet Platz für 183 AsylwerberInnen im Rahmen der Grundversorgung. Schwerpunkte sind die Betreuung von kranken Menschen und spezielle Angebote für Kinder sowie das Beschäftigungsprojekt „Nachbarschaftshilfe".
- Im Haus Robert Hamerlinggasse finden Personen Platz, die nicht in die Grundversorgung aufgenommen wurden bzw. denen dafür Voraussetzungen fehlen. Das oberste Ziel ist die Verhinderung von Obdachlosigkeit und die Versorgung mit dem Nötigsten.

---

78 Vgl. URL: http://www.caritas-wien.at/hilfe-einrichtungen/asylmigrationintegration/beratung-fuer-asylwerberinnen/psychosoziale-angebote/, März 2009
79 Vgl. URL: http://www.caritas-wien.at/hilfe-einrichtungen/asylmigrationintegration/beratung-fuer-migrantinnen/migrantinnenzentrum-in-wien/, März 2009
80 Vgl. URL: http://www.caritas-wien.at/hilfe-einrichtungen/asylmigrationintegration/beratung-fuer-migrantinnen/home-startwohnungen/, März 2009
81 Vgl. URL: http://www.caritas-wien.at/hilfe-einrichtungen/asylmigrationintegration/wohnmoeglichkeiten/wien/, März 2009

- Das Haus Braunspergengasse bietet 194 AsylwerberInnen im Rahmen der Grundversorgung Wohnplätze an. In dieser Zahl ist auch ein Nachbetreuungsprojekt für 44 männliche und weibliche Jugendliche, die das 18. Lebensjahr vollendet haben, inkludiert.
- Das Haus Bernardgasse und das Haus Lasallestrasse bieten zusammen 103 Betreuungsplätze für AsylwerberInnen in der Grundversorgung an. Der Schwerpunkt liegt bei der Schaffung von Beschäftigungsmöglichkeiten. Für Kinder gibt es eine Lern- und Spielbetreuung.

5.2.8 WGs für unbegleitete minderjährige Flüchtlinge

- Die WG Refugio bietet 10 Wohnplätze im Rahmen der Grundversorgung an.
- Die WG Ponte besteht aus zwei Wohngemeinschaften für 10 Burschen zwischen 15 und 18 Jahren.

5.2.9 Brunnenpassage[82]

KulturSozialRaum im 16. Wiener Gemeindebezirk
Durch regelmäßige Angebote und partizipative Kunst- und Kulturveranstaltungen wird aktive Integrationsarbeit geleistet.

---

82 Vgl. URL: http://www.caritas-wien.at/hilfe-einrichtungen/asylmigrationintegration/integrationsarbeit/brunnenpassage/, März 2009

6 Die Selbstorganisation von MigrantInnen

Es gibt vielfältige Angebote für MigrantInnen. Die Zielgruppe wird dabei unterschiedlich stark eingebunden. Manchmal wird für sie, manchmal mit ihr, und manchmal von ihnen selbst gestaltet. Eine wichtige Rolle spielen dabei MigrantInnenorganisationen. Sie haben wesentliche Funktionen für das Leben von MigrantInnen in der Aufnahmegesellschaft.

Waldrauch und Sohler beschreiben *„drei grundlegende Funktionen von sozialen, kulturellen und politischen Organisationen, [...] die für MigrantInnen im Prozess der Immigration und der Integration in der Aufnahmegesellschaft eine besondere Bedeutung haben:"*[83]

- **Selbsthilfe und solidarische Unterstützung**[84]
  MigrantInnenorganisationen bieten soziale Hilfs- und Unterstützungswerke für die jeweilige Herkunftscommunity oder besonders benachteiligte MigrantInnengruppen. Die im Aufnahmeland gemachten Erfahrungen werden für Neuzugewanderte zu wertvollen Hilfen. Sprachliche und kulturelle Barrieren können überwunden werden, weil es Menschen gibt, die in der Muttersprache weiterhelfen können und ähnliche Erfahrungen gemacht haben.
- **Kulturelle Identitätsbildung (Minderheitenformierung) und interkulturelle Vermittlung**[85]
  MigrantInnenorganisationen pflegen Traditionen aus der Herkunftskultur. Die Feier von typischen religiösen oder kulturellen Festen wird in einer größeren Gruppe von Menschen leichter möglich. Durch den Zusammenschluss zu einer Gruppe können Traditionen auch nach außen sichtbar gemacht werden, öffentliche Auftritte von Kulturvereinen bei österreichischen Feiern können angeboten werden. Diese Aktionen ermöglichen Begegnungen zwischen verschiedenen Kulturen und tragen so auch zum Abbau von Vorurteilen bei. Minderheiten können so sichtbar werden und leichter einen Platz in der Aufnahmegesellschaft finden.
- **Politische Organisation und Interessenvertretung**[86]
  Diese politische Funktion kann sich sowohl auf das Herkunfts- als auch auf das Aufnahmeland beziehen. Wenn der Fokus auf dem Herkunftsland liegt, dann handelt es sich meistens um exilpolitische Organisationen von Oppositionellen (v. a. politische Flüchtlinge) oder um Vereine, die politische Bewegungen des Heimatlandes unterstützen.

---

83 Waldrauch / Sohler 2004, 37.
84 Vgl. Ebd.
85 Vgl. Ebd.
86 Vgl. Waldrauch / Sohler 2004, 38-39.

Organisationen, deren Schwerpunkt auf dem Aufnahmeland liegt, wollen eine Verbesserung der rechtlichen, sozialen und ökonomischen Situation, sowie der politischen Partizipation von MigrantInnen erreichen.

Die oben angeführte Kategorisierung kann nur als Orientierung gelten und Hinweise auf die vielfältigen Funktionen von MigrantInnenorganisationen geben. Grundsätzlich erfüllen die meisten dieser Organisationen mehrere Funktionen gleichzeitig. Es lassen sich jedoch Schwerpunkte erkennen.

7 Inkulturation

7.1 Kultur

Eine Beschäftigung mit dem Thema Inkulturation ist ohne eine Klärung und Definition des Kulturbegriffes nicht möglich. Dieser ist sehr vielschichtig und es gibt eine schier unendlich große Anzahl von Definitionen. Einige dieser Definitionen sollen an dieser Stelle genannt und aufgezählt werden:

- Kultur ist eine Eigenschaft von sozialen Systemen und meint die unterschiedliche Verteilung von Bedeutungssystemen oder Wissensinhalten irgendwelcher Art unter den Mitgliedern solcher Systeme.[87]
- Das, was wir nicht verstehen und erklären können, bezeichnen wir oft als fremde Kultur und damit als das „Nichtdazugehörige".[88]
- *„Kultur als Wissenssystem bezieht sich auf die Gesamtheit der Ideen, des Wissens (Bilder / Symbole, Theorien, Werte / Normen, Gesetze, Pläne usw.), die von einer bestimmten Anzahl von Menschen geteilt und weitertradiert, aber auch kreativ weiterentwickelt und verändert werden."*[89]
- *„Kultur als Praxisweisen: Gemeint ist die Gesamtheit der Fertigkeiten, Alltagspraktiken und Lebensstile, die von einer bestimmten Anzahl von Menschen geteilt und weitertradiert, aber auch kreativ weiterentwickelt und verändert werden."*[90]
- *„Kultur ist die erlernte, d. h. mithilfe der bereits integrierten Mitglieder einer Kultur enkulturierte Lebensweise einer historisch bestimmten und bestimmbaren Gesellschaft, die sich von allen anderen in ihrem kulturellen Gesamtmuster, ihrer kulturellen Konfiguration, unterscheidet und gerade dadurch als ‚eine Kultur', d. h., als etwas Eigenständiges definiert werden kann".*[91]
- Kultur hat auch eine kommunikative Komponente. Um es mit Edward T. Hall zuzuspitzen: *„Kultur ist Kommunikation".*[92]

Die oben genannten Definitionen machen deutlich, dass es „die eine Kultur" nicht gibt. Der Kulturbegriff beinhaltet Vielfalt und so gibt es auch nicht „die afrikanische Kultur".

Das Gebiet südlich der Sahara – „Schwarzafrika" ist für Europäer weit weg und unbekannt. Worüber man nicht viel weiß, kann man leichter verallgemeinern und seine Meinung von Vorurteilen beherrschen lassen. Die Staatsgrenzen afrikanischer Länder wurden am Reißbrett gezogen.[93]

---

87 Vgl. Staub-Bernasconi 2007, 335.
88 Vgl. Ebd.
89 Ebd.
90 Ebd.
91 Greverus 1978, in: Koptelzewa 2004, 56.
92 Vgl. Koptelzewa 2004, 59.
93 Vgl. Van Dijk 2004.

Die Stammeszugehörigkeit kommt daher für AfrikanerInnen oft vor der Staatszugehörigkeit: „Ich bin Yoruba, Igbo, Hausa, Ewe, ... Durch die dunkle Hautfarbe wird in Europa auf der Straße kein Unterschied gemacht: „Da geht ein Afrikaner / eine Afrikanerin."

7.2 Der Begriff Inkulturation

Der Begriff Inkulturation hat sich im Laufe der Recherchen teilweise als problematisch erwiesen. Es gibt eine Vielfalt an Kulturationsbegriffen:

Enkulturation, Transkulturation, Inkulturation, Akkulturation, ... Auf den Begriff „interkulturell" wurde im Kapitel Interkultureller Kompetenz bereits in dieser Arbeit näher eingegangen.[94]

Der deutsche Begriff Inkulturation kann dem englischen Wort Acculturation entsprechen. Daher habe ich bewusst für den englischen Titel das Wort Acculturation verwendet. Es findet sich jedoch auch das Wort Inculturation in der englischsprachigen Literatur. Diese Wortvielfalt hat bei einem Interviewpartner für Verwirrung gesorgt. Der interviewte Seelsorger hat sein Theologiestudium in Nigeria auf Englisch absolviert:

„Aber Inkulturation in diesem Kontext verstehe ich als etwas nicht so schön, muss man das lernen. Aber Akkulturation verstehe ich als zwei Kulturen kommen zusammen und lassen sich beeinflussen. Das verstehe ich als Akkulturation. Wenn du das als Inkulturation auf Deutsch meinst, das meine ich Akkulturation."[95]

Das Wort „Inkulturation" kommt aus der Kulturanthropologie und wird oft mit den kulturanthropologischen Begriffen Enkulturation und Akkulturation gleichgesetzt. Die Übernahme in den theologischen Gebrauch bringt jedoch auch einen Bedeutungswandel mit sich.[96] Inkulturation kann in dieser Arbeit als Bezeichnung für die Theologie und die Handlungsweise der ACC gesehen werden. Die Vielfalt der Bezeichnungen und die Schwierigkeit sich festzulegen, sind gute Symbole für die Komplexität des Themas und die Schwierigkeit adäquate und eindeutige Definitionen zu finden.

7.3 Inkulturation aus Sicht der Theologie

„If God calls all human beings in Jesus Christ, he does not confine the call to a specific culture. The incarnation of God, taking place in every culture, is the work of the Holy Spirit (as happened to Mary, the Mother of Jesus). An African theology of Inculturation is an unavoid-

---

94 Vgl. Kapitel 3.1.5 Interkulturelle Kompetenz.
95 2. Interview, S. 10 - 11.
96 Vgl. Iweadighi 1997, 25.

able challenge for Christians in Africa and it belongs to the ministry of the church. Church leaders should be deeply involved in this process, encouraging theological research, examining the reflections of theologians in dialogue, and putting the results into practice at the pastoral level."[97]

Die Theologie der Inkulturation steht im Mittelpunkt der afrikanischen katholischen Gemeinde. Sie ist die theologische Strömung, die das religiöse Leben dieser Gemeinde prägt. Doch was bedeutet diese „Theologie der Inkulturation", woher kommt sie und warum ist sie entstanden?

Der Begriff „Inkulturation" wird in der katholischen Kirche seit Ende der 1950er / Anfang 1960er Jahre verwendet, stammt aus der Missionswissenschaft und wurde durch die Jesuiten popularisiert.[98] Inkulturation ist kein Selbstzweck. Sie versteht sich vielmehr als eine angemessene Antwort auf die Verschiedenartigkeit von Kulturen. Das oberste Ziel ist es, den *„Menschen durch die Botschaft des Evangeliums Heil erfahren zu lassen".[99]*

Der Glaube in vielen afrikanischen Ländern entwickelte sich durch europäische Missionierung unter Zurückdrängung der ursprünglichen afrikanischen Kulturen durch christliches Glaubensgut.[100] Seit den 1930er Jahren wurde die Notwendigkeit erkannt, die afrikanische Kultur und das Christentum zusammenzubringen.[101] Die Suche nach einer eigenen afrikanischen Theologie unterstrich diese Erkenntnis. Das ursprüngliche Missionsverständnis erfuhr in den 1950er und 1960er Jahren (Zeit des 2. Vatikanischen Konzils) einen drastischen Wandel. Es kam zu einer zunehmenden Wertschätzung der afrikanischen Kulturen und zu einer verstärkten Beschäftigung mit dem Thema „Afrikanische Theologie". AfrikanerInnen wollten als „AfrikanerInnen und ChristInnen" gesehen werden.[102] Die Theologie der Inkulturation versucht, diesen Bestrebungen gerecht zu werden:

"Inculturation is simply the honest and serious attempt to make Christ and his message of salvation evermore understood by people of every culture, locality and time. It means the reformulation of Christian life and doctrine into the very thought-patterns of each people."[103]

Papst Johannes Paul II. sagte über Inkulturation, dass Missionare, die aus anderen Ländern kommen, in das kulturelle Milieu, in das sie kommen, eintauchen und sich über die eigenen kulturellen Grenzen hinaus bewegen müssen.

---

97 Colacra, Zinkuratire, Relevance of Luke in Africa 2008, 1725.
98 Vgl. Ohajiriogu 2004, 76.
99 Ohajiriogu 2004, 81.
100 Vgl. Ebd.
101 Vgl. Mayama 2000, 9.
102 Vgl. Mayama 2000, 10.
103 Ifeanyi 2000, 23.

Darüber hinaus ist es wichtig, die lokale Sprache zu lernen und sich mit den wichtigsten Ausdrucksweisen der lokalen Kultur vertraut zu machen.[104]

Ein weiterer wichtiger Aspekt kommt in folgendem Satz zum Ausdruck:

„Any Inculturation must be based on a deep understanding of Christianity and the local cultures."[105]

Inkulturation kann als das "Sicheinlassen" einer Kultur auf eine andere Kultur verstanden werden. Es bedeutet sich in das Beziehungsgefüge der verschiedenen Kulturen einzulassen, d. h. sich für die Weltanschauung des Anderen / der Anderen zu interessieren und Anknüpfungspunkte zu suchen. Das Ziel ist ein ganzheitlicher interkultureller Dialog.[106]

7.4 Weitere Kulturbegriffe

7.4.1 Interkulturell

Dieser Begriff wurde im Kapitel Interkulturelle Kompetenz ausführlich behandelt, soll aber an dieser Stelle noch einmal erwähnt und näher betrachtet werden. Während andere Kulturbegriffe vorwiegend in anderen Disziplinen, wie der Theologie, Kulturanthropologie und Soziologie zu finden sind, wird man in der Sozialarbeit auch mit dem Begriff interkulturell konfrontiert.

Dies geschieht vor allem im Kontext von interkultureller Kompetenz und interkultureller Beratung. Mit „interkulturell" wird etwas bezeichnet, das die Beziehungen zwischen den verschiedenen Kulturen betrifft.[107]

7.4.2 Transkulturalität

„Der Begriff Transkulturalität bezieht sich auf den Philosophen Wolfgang Welsch und bedeutet, dass Kulturen nicht in sich geschlossen kugelförmig voneinander getrennt existieren oder gegeneinander abgegrenzt werden können, sondern dass sie sich netzwerkartig durchmischen und durchdringen. Anstelle eines statischen Kulturbildes tritt ein dynamisches, symbiotisches und sich stets veränderndes komplexes Geflecht an kulturellen Kontexten."[108]

---

104 Vgl. Ifeanyi 2000, 23. Übersetzung aus dem Englischen durch die Verfasserin dieser Diplomarbeit.
105 Ifeanyi 2000, 23.
106 Vgl. Ohajiriogu 2004, 83 – 84.
107 Vgl. Duden 1994, 647.
108 Kupzok / Buschmann / Storcks 2009, 18.

Transkulturalität lässt sich von Interkulturellem Lernen abgrenzen. Es bedarf hierbei keiner „Fremdbegegnung". Jede Gruppe hat Mitglieder unterschiedlicher kultureller Prägung, auch wenn diese aus demselben Kulturkreis kommen.[109]

7.4.3 Inkulturation

Dieser Begriff konnte nur im Zusammenhang mit Theologie gefunden werden. Er kommt in der Sozialarbeitsliteratur nicht vor. Die Worte Akkulturation und interkulturell sind im Zusammenhang mit Sozialarbeit oft anzutreffen. Im Duden wird Inkulturation mit dem Eindringen einer Kultur in eine Andere umschrieben.[110]

7.4.4 Akkulturation

Bisher wurde der Begriff hauptsächlich aus der Sicht der Theologie dargestellt. Er ist jedoch auch in anderen Disziplinen verankert und wurde erst später von der Theologie übernommen (vergleiche oben). Unter Akkulturation versteht man „*die Übernahme fremder geistiger und materieller Kulturgüter durch Einzelpersonen oder ganze Gruppen (Soziologie).*" Es kann aber ebenso die „*Anpassung an ein fremdes Milieu (z. B. bei Auswanderung)*" bedeuten.[111] Akkulturation bedeutet einen Prozess aktiver Auseinandersetzung, dessen Ziel das Finden gemeinsamer Lebensformen ist.[112] Es gibt auch die Tendenz das Wort Akkulturation dem Begriff Integration gleich zu stellen.[113]

Hohmann definiert Integration „*als Prozess der sozialen und kulturellen Eingliederung von MigrantInnen in eine neue Kultur und Gesellschaft. In diesem Sinne umfasst der Begriff der Integration die Prozesse von Sozialisation und Enkulturation bzw. Akkulturation.*"[114]

7.4.5 Enkulturation

Unter Enkulturation versteht man das Hineinwachsen des Einzelnen / der Einzelnen in die Kultur der ihn / sie umgebenden Gesellschaft. Es wird auch in Zusammenhang mit Akkulturation gebracht.[115]

„*Im Prozess der Enkulturation eignen sich Individuen nicht nur die Sprache einer Kultur an, sondern erwerben auch ein Repertoire nonverbaler Codes.*"[116]

---

109 Vgl. Kupzok / Buschmann / Storcks 2009, 22.
110 Vgl. Duden 1994, 635.
111 Vgl. Duden 1994, 57.
112 Vgl. Treuheit / Otten 1986, 32.
113 Vgl. Treuheit / Otten 1986, 31.
114 Hohmann, in: Treuheit / Otten 1986, 33.
115 Vgl. Ebd.
116 Stompe 2009, 38.

Diese Vielfalt an Begriffen darf nicht über die Tatsache hinwegtäuschen, dass sich diese in ihrer Bedeutung oft überschneiden.

8 Religion und Migration

In den vergangenen Jahrhunderten und Jahrzehnten sandten christliche Kirchen MissionarInnen in die ganze Welt, um ihren Glauben allen Völkern zu bringen und in der ganzen Welt zu verbreiten. Auch in der Mission widmeten sich die MissionarInnen nicht nur religiösen Belangen und beschränkten ihre Tätigkeiten nicht nur auf das Feiern von Gottesdiensten und die Vermittlung des christlichen Glaubens. Es wurden auch Schulen, Brunnen und Krankenhäuser gebaut. Noch heute wird in den sogenannten „Entwicklungsländern" ein bedeutender Teil der Sozialarbeit von kirchlichen Institutionen geleistet. Die Sendung von MissionarInnen aus Europa nach Afrika, Asien und Lateinamerika hat in den letzten Jahrzehnten stark abgenommen. In Europa gibt es heute in der katholischen Kirche einen großen Priestermangel und sehr wenige Männer, die sich entscheiden, Priester zu werden. Immer öfter sind in österreichischen Pfarrgemeinden Priester anzutreffen, die aus anderen Ländern oder Kontinenten stammen. Durch die Globalisierung und zunehmende Mobilität kommen immer mehr Menschen aus Afrika, Asien und Lateinamerika, also aus klassischen Missionsgebieten nach Europa. Kirchen tragen den Bedürfnissen der MigrantInnen Rechnung, in dem sie fremdsprachige Gemeinden und Gottesdienste anbieten.

8.1 Fremdsprachige katholische Gemeinden in Wien[117]

Der Wiener Weihbischof Franz Scharl ist Bischofsvikar für die Kategoriale Seelsorge.[118] Unter kategorialer Seelsorge wird die Sorge für Menschen in bestimmten Altersphasen, Lebenssituationen oder an besonderen Orten verstanden. Dazu zählt die Universitätsseelsorge, die Kranken- und Behindertenseelsorge und neben vielen anderen Bereichen auch die MigrantInnenseelsorge. In Wien kommt jede/r fünfte KatholikIn aus dem Ausland oder ist ausländischer Herkunft. Derzeit gibt es 30 fremdsprachige katholische Gemeinden:

Europäischer Raum:
- Albanische Gemeinde
- Italienische Gemeinde
- Kroatische Gemeinde
- Polnische Gemeinde
- Slowakische Gemeinde
- Slowenische Gemeinde
- Tschechische Gemeinde
- Ungarische Gemeinde

---

117 Vgl. URL: http://stephanscom.at/edw/fremdsprachige_gemeinden/gemeinden, März 2009
118 Vgl. URL: http://stephanscom.at/edw/vips/0/articles/2006/04/18/a10628/, März 2009

Sprachgemeinden:
- Englischsprachige Gemeinde
- Französischsprachige Gemeinde
- Spanischsprachige Gemeinde

Gemeinden im Orientalischen Ritus:
- Armenisch-katholische Gemeinde
- Griechisch-katholische Zentralpfarre

Bereich ARGE AAG:[119]
- Afroasiatischer und lateinamerikanischer Raum
- Mit der ARGE AAG assoziierte orientalisch orthodoxe Kirchen

8.2 AAI - Afroasiatisches Institut Wien[120]

Das AAI in Wien wurde 1959 durch Kardinal König gegründet. Das AAI ermöglicht StudentInnen aus Afrika, Asien und Lateinamerika ein Studium in Wien. Konkret erfolgt die Unterstützung durch Stipendienprogramme, Wohnplätze, soziale Unterstützung in Notsituationen sowie studienbegleitende Beratung und Bildung. Das AAI bietet „Heimat auf Zeit", versteht sich als „Haus der Begegnung, des interkulturellen und des interreligiösen Dialogs". Weitere Anliegen sind der Einsatz für eine „Kultur des Friedens" und eine „Kultur der Entwicklungszusammenarbeit".

Es werden auch Priester aus Afrika, Asien und Lateinamerika unterstützt, die ihr Studium in Wien fortsetzen wollen, und ermöglicht so eine Begegnung der Kulturen. Dies geschieht seit 1985 im Rahmen des Stipendienprogramms „Kirche in Wien". Diese Priester werden oft für die Seelsorge in den fremdsprachigen Gemeinden eingesetzt. Zu dieser Gruppe gehören auch die beiden Seelsorger der ACC.

8.3 ARGE AAG[121]

„Die KatholikInnen im und um das AAI-Wien versammeln sich in der ‚AAI-Gemeinde'."
Diese Gemeinde gehört zu den Afro-Asiatischen Gemeinden. Die fremdsprachigen katholischen Gemeinden für MigrantInnen aus Afrika, Asien und Lateinamerika werden in der ARGE AAG zusammengefasst. Dazu zählen:

---

119 Nähere Ausführungen zu diesen Gemeinden folgen im Kapitel 8.3 ARGE AAG.
120 Vgl. URL: http://www.aai-wien.at, Februar 2009
121 Vgl. http://stephanscom.at/edw/fremdspradige_gemeinden/gemeinden/aussereuropa/ , und http://members.nextra.at/aai-wien/Deutsch/religionen/arge_aag.htm, Februar 2009

- Internationale Gemeinde
- Afrikanische Gemeinde
- Chinesische Gemeinde
- Indische Gemeinde
- Indonesische Gemeinde
- Japanische Gemeinde
- Koreanische Gemeinde
- Lateinamerikanerische Gemeinde
- Philippinische Gemeinde
- Vietnamesische Gemeinde
- Gemeinde aus dem Nahen und Mittleren Osten

Die afrikanische Gemeinde gliedert sich in einen französischsprachigen und einen englischsprachigen Zweig. Der englischsprachige Zweig ist die ACC, sie ist die größere der beiden Gemeinden.

Mit der ARGE AAG sind auch folgende orientalisch orthodoxen Kirchen assoziiert:
- Äthiopisch-orthodoxe Tewahaedo Kirche
- Assyrisch-orthodoxe Kirche des Ostens
- Indische Malankara-orthodox-syrische Kirche
- Indische Malankara-syrisch-orthodoxe Kirche
- Antiochenische Rum-orthodoxe Kirche

Die Arge AAG bietet auch soziale, pastorale und kulturelle Programme an. Dazu gehören von allen Gemeinden gemeinsam gestaltete Gottesdienste, Feste und Pilgerfahrten.

9 Zusammenfassung – Theorie

Während die innereuropäische Migration gefördert und erleichtert wird, werden die Außengrenzen der Europäischen Union zunehmend „dichtgemacht". Diese Entwicklung hat einen unmittelbaren Einfluss auf die Migration von AfrikanerInnen. Es gibt nur wenige Möglichkeiten, wie man nach Europa gelangt. Wem das nicht durch ein Studium, Familienzusammenführung oder aus besonderen beruflichen Gründen, wie einer Position als Schlüsselkraft, der Tätigkeit als SeelsorgerIn oder KünstlerIn gelingt, bleibt nur noch der Versuch als AsylwerberIn nach Europa zu gelangen.

MigrantInnen benötigen oft Unterstützung, um in der Aufnahmegesellschaft Fuß fassen zu können. Dieser Bedarf erhöht sich, wenn die kulturellen Unterschiede zwischen Herkunfts- und Aufnahmeland sehr groß sind oder die Möglichkeit im Aufnahmeland dauerhaft zu leben ungewiss ist.

Die Bedürfnisse von MigrantInnen werden von verschiedenen Seiten aufgegriffen. SozialarbeiterInnen und VertreterInnen nahestehender Professionen, wie SoziologInnen oder PsychologInnen versuchen Methoden und Konzepte zu entwickeln, die den Bedürfnissen von MigrantInnen Rechnung tragen. Es können sowohl klassische Methoden, wie die Einzel(fall)hilfe als auch Konzepte wie Lebensweltorientierung oder interkulturelle Kompetenz angewendet werden. Methodenvielfalt erweitert Handlungsspielräume und Interventionsmöglichkeiten. SozialarbeiterInnen sind in verschiedenen Bereichen des Handlungsfeldes Migration tätig, so auch in den folgenden Einrichtungen in Wien:

Die Stadt Wien hat mit der Errichtung des Wiener Integrationsfonds und seiner Nachfolgeeinrichtung der MA 17 (Integrations- und Diversitätsangelegenheiten) Einrichtungen geschaffen, die das Thema Einwanderung in Wien aufgreifen und konkrete Unterstützung und Integrationshilfen bieten. Durch neue Projekte, wie Start Wien, werden NeuzuwandererInnen nicht mit dem Wunsch nach Integration alleine gelassen, sondern aktiv unterstützt.

Kirchliche Organisationen, wie Diakonie und Caritas bieten in Wien ein breites Spektrum von Angeboten für MigrantInnen. Zielgruppen sind u.a. AsylwerberInnen, anerkannte und minderjährige Flüchtlinge und Familien. Zu den Bereichen, die aufgegriffen werden, zählen Wohnen, Aufenthalt, Integration, medizinische und psychologische Betreuung, Arbeit und freiwillige Rückkehr.

Kirchen bieten fremdsprachige Gemeinden und Gottesdienste an. Eine dieser Gemeinden ist die ACC, deren Zielgruppe Englisch sprechende AfrikanerInnen sind.

Umfassende und vielfältige Angebote verschiedenster Träger (Stadt Wien, MigrantInnenvereine, kirchliche Organisationen, Kirchen, ...) bieten MigrantInnen in Wien die Möglichkeit, die für sie persönlich passende Unterstützung zu finden und können auch als Ressourcen für die Netzwerkarbeit dienen.

So wie die Sozialarbeit nach verschiedenen Theorien, Methoden und Konzepten arbeitet, so stehen in der katholischen Kirche verschiedene theologische Richtungen hinter ihrem Feiern und Handeln. In Afrika ist die Theologie der Inkulturation eine Antwort auf die Bedürfnisse afrikanischer KatholikInnen und auf die Verschiedenheit von Kulturen. Sie greift Elemente der afrikanischen Kultur auf und verbindet diese mit den klassischen Elmenten des Christentums. Das Ziel ist ein ganzheitlicher interkultureller Dialog.

II. Empirie

10 Begründung der Methodenwahl

Seit der Festlegung auf das Thema dieser Diplomarbeit stand fest, dass die Forschung sowohl qualitativ, als auch quantitativ erfolgen sollte. Es sollten SozialarbeiterInnen befragt werden, die afrikanische KlientInnen in Beratungsstellen haben, um so die Sichtweise von SozialarbeiterInnen besser darstellen zu können. Ebenso wichtig war es ein Interview mit einem der beiden Seelsorger der ACC zu führen, um mehr über das Leben in der ACC und auch die Wünsche eines Priesters an SozialarbeiterInnen zu erfahren. Da die Forschung qualitativ und quantitativ erfolgen sollte, wurde die Anzahl der Interviews auf drei beschränkt.

Es sollten auch möglichst viele Mitglieder der ACC erreicht werden. Dieser Wunsch sprach für die Verwendung eines Fragebogens. Es stand auch die Frage im Raum, ob die Deutschkenntnisse der Mitglieder der ACC für die Durchführung von Interviews reichen könnten. Da die Gemeinde eine englischsprachige ist, lag Englisch näher. Es war jedoch zu bedenken, ob einerseits die Englischkenntnisse der Interviewerin dafür ausreichen würden und andererseits durch die Tonbandaufnahme des Interviews manches noch schlechter verständlich werden könnte und somit eine Auswertung von englischsprachigen Interviews noch zusätzlich erschweren würde. Englischsprachige Fragebögen erschienen realistischer. Die Antwortformate sind dann zumeist vorgegeben und bei der Auswertung kann bei offenen Antwortformaten in Ruhe im Wörterbuch nachgeschlagen werden.

11 Qualitative Erhebung: ExpertInnen-Interviews[122]

ExpertInnen-Interviews sind eine spezielle Form von Leitfaden-Interviews. Im Vordergrund steht das Wissen von ExpertInnen; sie werden als RepräsentantInnen einer bestimmten Gruppe angesehen. Die Eigenschaft als ExpertIn für einen bestimmten Bereich und der Leitfaden engen den Themenbereich ein und steuern das Interview.

11.1 Durchführung der ExpertInnen-Interviews

11.1.1 Vorüberlegungen

Bei der Wahl der ExpertInnen für die Leitfadeninterviews wurden verschiedene Herangehensweisen gewählt:

Bei den SozialarbeiterInnen konnte auf eigene Kontakte durch Praktika und auf Kontakte von Studienkolleginnen zurückgegriffen werden. Das Ziel war ausgebildete SozialarbeiterInnen zu finden, die aus Österreich oder generell aus Europa stammen und mit afrikanischen MigrantInnen arbeiten. Die Herkunft war wichtig, weil es oft vorkommt, dass afrikanische KlientInnen, die durch ihre Herkunft geprägt sind, österreichischen / europäischen SozialarbeiterInnen gegenübersitzen, die wiederum durch ihren Kulturkreis geprägt sind. Dieses Aufeinandertreffen zweier Kulturen ist auch Thema dieser Arbeit und des Begriffs Inkulturation und sollte durch die Interviews aus der Perspektive von ExpertInnen beleuchtet werden.

11.1.2 Die interviewten SozialarbeiterInnen

Die Forschung wurde mit der Durchführung der Interviews begonnen. Das erste Interview fand mit DSA Marianna Kruzliakova vom Beratungszentrum für Migranten und Migrantinnen[123], 1010 Wien, statt.

Ihre Arbeitsstelle war der Ort des theoriebegleiteten Praktikums der Verfasserin im 6. Semester der Ausbildung zur Sozialarbeiterin. Frau Kruzliakova hat viele KlientInnen aus Tschechien und der Slowakei, aber auch aus afrikanischen Ländern. Sie selbst stammt aus der Slowakei. Dieses Interview war der Pretest. Es wurde in die Forschung aufgenommen, da der Leitfaden danach nur noch

---

[122] Vgl. Flick 2005, 139-141.
[123] Vgl. URL: http://www.migrant.at, März 2009

geringfügig abgeändert und ergänzt werden musste und es viele für die Forschungsfrage relevante Passagen enthielt.

Der zweite Sozialarbeiter war Gerhard Wallner, der ehrenamtlich als Flüchtlingsberater bei der Deserteurs- und Flüchtlingsberatung, 1010 Wien, arbeitet. DSA Wallner war beim Amt für Jugend und Familie in Wien tätig und hat dort das Kompetenzzentrum für unbegleitete Flüchtlinge aufgebaut und geleitet. Er hat auch ein Flüchtlingsheim der Diakonie für Jugendliche geleitet. Dieser Kontakt wurde durch eine Studienkollegin vermittelt, die ehrenamtlich in der Deserteurs- und Flüchtlingsberatung tätig ist.

11.1.3 Der interviewte Seelsorger[124]

Da das Thema dieser Diplomarbeit am Beispiel der ACC erläutert wird, war es wichtig einen leitenden Seelsorger dieser Gemeinde zu Wort kommen zu lassen. Der Feldzugang war sehr einfach, da der Seelsorger ein guter Bekannter war. Joseph Monday Orji vertritt die Gemeinde oft nach außen und gibt auch Interviews für (vorwiegend) kirchliche Zeitungen und Radiosender. Das Interview wurde bewusst in den offiziellen Räumlichkeiten der Pfarre durchgeführt, da es sich um kein freundschaftliches Treffen, sondern um ein sachliches Gespräch handeln sollte. Das Setting wurde dabei von beiden Seiten als sehr hilfreich und unterstützend erlebt. Da die Muttersprache von Joseph Orji Igbo und die Amtssprache seiner Heimat Nigeria Englisch ist, wurde ihm der Leitfaden für das Interview schon vorher gemailt. Er lebt seit über drei Jahren in Österreich und studiert Theologie. Wenn er sprachlich unsicher war, hat er einzelne Passagen und Wörter auf Englisch ausgedrückt. Auf diese Weise hat die Durchführung des Interviews auf Deutsch sehr gut funktioniert.

11.1.4 Gemeinsamkeiten der InterviewpartnerInnen

Allen drei InterviewpartnerInnen ist gemeinsam, dass sie über eine für ihren Bereich spezifische Ausbildung (Sozialakademie, Theologiestudium) und über langjährige und vielfältige Berufserfahrung in ihrem jeweiligen Bereich verfügen.

---

[124] Die Bezeichnungen Seelsorger und Priester werden in dieser Arbeit (wenn nicht anders angegeben) synonym verwendet, da es sich bei den Seelsorgern der ACC um Priester handelt.

11.1.5 Die Zusicherung der Anonymität und deren Aufhebung

Bei der Durchführung der Interviews wurde der Sozialarbeiterin und dem Priester Anonymität zugesichert. Diese Herangehensweise hat sich als unbegründet und unreflektiert erwiesen. Im Lauf der Auswertung hat sich herausgestellt, dass Rückschlüsse auf die Identität des Priesters sehr einfach zu ziehen sind, da es in der ACC nur zwei von der Erzdiözese Wien bestellte Seelsorger gibt und davon nur einer aus Nigeria kommt. Es gab keinen ersichtlichen Grund, der für die Anonymisierung sprach, und hat auch dem Wunsch des Seelsorgers entsprochen, seine Anonymität aufzuheben. Der Sozialarbeiterin wurde auf ihren Wunsch das Transkript des Interviews geschickt. Danach hat auch sie sich damit einverstanden erklärt, dass ihre Anonymität aufgehoben wird. Beim 3. Interview wurde das Thema Anonymität gleich zu Beginn des Interviews angesprochen. Der Sozialarbeiter war einverstanden, dass sein Name in der Diplomarbeit genannt wird.

11.1.6 Der Leitfaden für die Interviews

Es wurde ein Leitfaden für die SozialarbeiterInnen entwickelt und dieser dann für den Seelsorger adaptiert. Die Fragen sollten so ähnlich wie möglich gestellt werden, um eine anschließende Kategorisierung zu erleichtern und Vergleiche zwischen den verschiedenen Aussagen und Sichtweisen treffen zu können. Folgende Themenbereiche sollten angesprochen werden:
- Probleme von AfrikanerInnen
- Was braucht diese Zielgruppe?
- Gibt es bei den ExpertInnen einen Wunsch nach Zusammenarbeit zwischen Sozialarbeit und Kirche?
- Inkulturation und ihre Umsetzung in der Praxis

11.1.7 Die Fragen an die SozialarbeiterInnen

Können Sie kurz Ihre Arbeit beschreiben, wie lange Sie schon als Sozialarbeiter arbeiten und was Ihre Einrichtung anbietet?
Aus welchen afrikanischen Ländern hatten Sie schon KlientInnen?
Mit welchen Problemen kommen die AfrikanerInnen? Was sind die häufigsten Probleme / Themen?
Was fällt Ihnen auf, wenn Sie mit AfrikanerInnen arbeiten? Gibt es Unterschiede zur Arbeit mit KlientInnen aus anderen Ländern?
Ist Religion ein Thema in der Beratung? (Glaube, Gott, ...)
Gibt es Zusammenarbeit mit Kirchen, religiösen Gemeinschaften, Priestern?
Würden Sie sich mehr Zusammenarbeit mit kirchlichen Institutionen wünschen?
Würde das etwas an Ihrer Arbeit verändern?

Was verstehen Sie unter Inkulturation? Ist Inkulturation ein Thema in Ihrer Einrichtung?
Versucht Ihre Einrichtung sich speziell auf AfrikanerInnen einzustellen?
Was fällt Ihnen auf, wenn Sie mit AfrikanerInnen arbeiten?

11.1.8 Die Fragen an den Priester

Mit welchen Problemen kommen die Mitglieder / AfrikanerInnen?
Was sind die häufigsten Probleme / Themen?
Was bietet die ACC an? Welche kirchlichen Angebote? Was leistet die ACC für ihre Mitglieder? Wie wird unterstützt?
Mit wem arbeitet ihr außerkirchlich zusammen? Würdest du dir mehr Zusammenarbeit wünschen?
An wen wendest du dich bei Fragen, Problemen? Vermittelst du Leute weiter?
Was verstehst du unter Inkulturation? Wie wird Inkulturation bei euch (in der ACC) gelebt?

11.2 Die Auswertung der Ergebnisse

11.2.1 Qualitative Inhaltsanalyse[125]

Ein wesentliches Merkmal der qualitativen Inhaltsanalyse, die von Philipp Mayring entwickelt wurde, ist die Bildung von Kategorien. Diese Kategorien können aus der Theorie oder aus dem vorhandenen Material abgeleitet werden. Das Ziel dieser Methode ist die Reduktion des Materials. Der Ablauf beginnt mit der Festlegung auf für die Forschungsfrage relevante Teile des Materials (der Interviews). Danach wird die Erhebungssituation analysiert und das Material formal charakterisiert. Die Richtung der Analyse wird festgelegt, in dem man sich für eine Technik qualitativer Inhaltsanalyse entscheidet:
- Bei der zusammenfassenden Inhaltsanalyse wird das Material paraphrasiert, wobei eine Kombination von Streichungen und Generalisierungen stattfindet. Es kommt zu Zusammenfassungen.
- Mit Hilfe der explizierenden Inhaltsanalyse werden unklare Textstellen durch Heranziehen von Literatur („Kontextmaterial") zu erklären versucht.
- Die dritte Möglichkeit ist die strukturierende Inhaltsanalyse. *„Dabei werden formale, inhaltliche, typisierende oder skalierende Strukturierungen vorgenommen."*[126]

---

125 Vgl. Flick 2005, 279-283.
126 Flick 2005, 281.

Diese Methode ist besonders für große Textmengen geeignet. Das gemeinsame Kategorienschema erleichtert den Vergleich zwischen verschiedenen Fällen.

11.2.2 Die Bildung des Kategorienschemas[127]

Aus den Aussagen und Inhalten der Interviews wurden 9 Hauptkategorien gebildet:
- Migration von AfrikanerInnen
- AfrikanerInnen in Wien
- Perspektiven / Positives
- Zusammenarbeit mit anderen Institutionen
- Gefühle bei der Arbeit mit AfrikanerInnen / persönliche Einstellung
- Ausbildung für die Arbeit mit AfrikanerInnen
- Inkulturation
- African Catholic Community Vienna
- Sonstiges

Jeder Hauptkategorie wurden Unterkategorien zugeordnet und diesen teilweise noch weitere Unterkategorien. Diese genaue Kategorienbildung half Themen zu veranschaulichen, und die Vielfalt und Bandbreite der Thematik „AfrikanerInnen in Wien" bewusst zu machen.

11.3 Die Ergebnisse der Inhaltsanalyse

11.3.1 Herkunftsländer der KlientInnen

Auf die Frage nach den Herkunftsländern afrikanischer KlientInnen haben beide SozialarbeiterInnen als Erstes mit Nigeria geantwortet. Unterstrichen wurde diese Aussage noch mit Zusatzbemerkungen wie „sehr viele", „die meisten". Weiter wurden Uganda, Kenia, Äthiopien, Guinea, Elfenbeinküste und der Kongo genannt.

11.3.2 Gründe für die Migration von AfrikanerInnen

Mit dem Sozialarbeiter wurde über Gründe für die Migration gesprochen. An dieser Stelle sei erwähnt, dass die KlientInnen von Herrn Wallner vor allem AsylwerberInnen / Flüchtlinge sind, d. h., dass die Migrationsgründe dieser Gruppe in engem Zusammenhang mit schwierigen Lebensbedingungen

---

127 Das vollständige Kategorienschema wurde im Anhang beigefügt.

stehen.[128] Oft haben AfrikanerInnen lokal begrenzte Probleme, aber im Hintergrund steht eine totale wirtschaftliche Not ohne Erwerbsmöglichkeiten. Im Folgenden wurden einige Länder und ihre spezifischen Probleme genannt:

Bei NigerianerInnen unterschied er zwischen Männern und Frauen. Bei den Frauen handelt es sich um sehr viele Opfer von Frauenhandel, die in Österreich zur Prostitution gezwungen werden. Er meinte, dass dies aber nur sehr wenige offen zugeben, sondern andere Gründe nennen würden. Bei den Männern sind oft die Väter Mitglieder in Geheimbünden und die Söhne sollen diesen auch beitreten. Viele können das jedoch nicht mit ihrem christlichen Glauben vereinbaren, werden dann von den Geheimbünden bedroht und sehen sich so zum Verlassen der Heimat gezwungen. Bei Menschen aus Guinea hat das Verlassen der Heimat hauptsächlich politische Gründe. In Äthiopien wiederum handelt es sich vor allem um religiöse Gründe, da es viele Konflikte zwischen der Mehrheit der äthiopisch – orthodoxen Christen und den Muslimen gibt. In diesem Falle werden Muslime von der christlichen Regierung vertrieben.

Die hier geschilderten Beispiele aus der Praxis können einen Eindruck vermitteln, welche Gründe Menschen bewegen, ihre Heimat zu verlassen und ihr Glück in anderen Staaten zu versuchen. Auffällig ist, dass Religion in mehreren Fällen eine Rolle spielt und sich die religiösen Migrationsgründe nicht auf einen bestimmten Glauben reduzieren lassen. DSA Wallner erwähnte Muslime und Christen, die von Verfolgung betroffen sind.

11.3.3 Besondere Merkmale und Eigenschaften afrikanischer KlientInnen

Die SozialarbeiterInnen wurden gefragt, was ihnen bei afrikanischen KlientInnen auffällt, bzw. was sie von anderen KlientInnengruppen unterscheidet.
Die Sozialarbeiterin hat von zwei Extremen erzählt. Sie erlebt KlientInnen, die sehr scheu und zurückgezogen sind, aber auch KlientInnen, die sehr selbstbewusst sind. Sie empfindet, dass sich dieses Verhalten aber nicht sehr von anderen Gruppen unterscheidet. Angemerkt hat sie noch, dass manche zu spät kommen. Der Sozialarbeiter hat gemeint, dass afrikanische KlientInnen ein viel größeres Misstrauen Weißen gegenüber mitbringen als KlientInnen aus anderen Ländern. Namentlich hat er dabei AfghanInnen und RussInnen genannt.

Er erwähnte auch, dass es eine lange Zeit der Zusammenarbeit braucht, bis AfrikanerInnen bereit sind, sich zu öffnen und Hintergründe anzuvertrauen.

---

128 Im Unterschied dazu stehen die Migration zur Familienzusammenführung, berufliche Migration und das Verlassen des Heimatlandes für einen Studienaufenthalt. Diese Formen von Migration beinhalten ein größeres Maß an Sicherheit und positiven Zukunftsperspektiven.

11.3.4 Probleme von AfrikanerInnen

Die Frage nach Problemen von AfrikanerInnen in Wien wurde von allen InterviewpartnerInnen sehr ausführlich beantwortet. Es wurde deutlich, dass diese Gruppe mit einer Vielfalt von Problemen konfrontiert ist und dass diese oft in Zusammenhang mit Herkunft und Hautfarbe stehen. Durch die Schilderungen der InterviewpartnerInnen haben sich folgende Problemgruppen herauskristallisiert:

11.3.4.1 Arbeitssuche und Zugang zum Arbeitsmarkt

Die Arbeitssuche gestaltet sich für AfrikanerInnen schwierig, da sie aufgrund ihrer Hautfarbe diskriminiert werden und immer wieder Vorurteilen ausgesetzt sind. Zu den Vorurteilen gehören, dass AfrikanerInnen über keine Arbeitserlaubnis verfügen oder die Sprache nicht beherrschen. Ein weiteres Problem ist, dass AsylwerberInnen gar keinen oder kaum Zugang zum Arbeitsmarkt haben. Das Thema Zugang zum Arbeitsmarkt zog sich durch mehrere Problembereiche. Es ist mit dem Thema Aufenthalt eng verknüpft. Vom Aufenthaltstitel hängt der Zugang zum Arbeitsmarkt ab.

11.3.4.2 Sprache

Die Sprache wird als großes Hindernis erlebt. Manche AfrikanerInnen kommen mit geringer Ausbildung nach Österreich. Diese Tatsache erschwert das Lernen der deutschen Sprache. Joseph Orji meinte, dass manche AfrikanerInnen die Sprache auch gar nicht lernen wollen. Das Beherrschen der Landessprache erleichtert jedoch das Gelingen von Integration und wird daher als sehr wichtig erlebt.

11.3.4.3 Polizei

Vor allem der Seelsorger berichtete von Problemen mit der Polizei. Er erzählte von Situationen, in denen AfrikanerInnen festgenommen und inhaftiert werden. Der Hauptgrund für die Festnahmen ist die Vermutung, dass jemand mit Drogen gedealt hat. Er berichtete von zwei Fällen, wo Männer nach Gefängnisaufenthalten bei ihm waren. Sie waren in Haft, weil man bei ihnen Geld gefunden hatte und die Polizei davon überzeugt war, dass sie das Geld durch den Drogenhandel verdient hatten.

11.3.4.4 Aufenthaltsstatus

Ein weiterer Themenbereich waren Schwierigkeiten rund um das Thema Aufenthalt. Viele AfrikanerInnen sind AsylwerberInnen und wissen nicht, wie ihre Verfahren ausgehen werden. Manche sind mit ÖsterreicherInnen verheiratet und können durch die Gesetzesänderungen, die mit dem Fremdenrechtspaket 2005 gekommen sind, ihren Aufenthaltsstatus nicht wechseln.[129] Diese Situation stellt Familien vor große Probleme. Frauen sind oft in Karenz bei den Kindern und die Männer dürfen nicht arbeiten, weil sie Asylwerber sind. Diese Familien befinden sich in unsicheren Situationen und wissen nicht, wie es weiter geht. Menschen werden deprimiert, weil sie keinen Einfluss auf ihre Situation haben und das Gefühl haben, nicht weiter zu kommen. Ein weiteres Thema waren Menschen, die bei drohender Abschiebung Hilfe suchten.

11.3.4.5 Herkunftsspezifische Probleme

Viele AfrikanerInnen kämpfen mit Diskriminierung. Sie fühlen sich aufgrund ihrer Hautfarbe von Behörden diskriminiert oder werden für Drogendealer gehalten, weil sie eine schwarze Hautfarbe haben. Sie fallen auf und werden in eine Schublade gesteckt. Wenn sie unterwegs sind, lesen sie Sprüche wie „Neger raus" oder werden auch mit solchen Worten in öffentlichen Verkehrsmitteln beschimpft.

Eine weitere große Herausforderung ist der Wechsel in eine andere Kultur. Meine Interviewpartnerin meinte, dass das oft überfordernd sei. Der Wechsel in ein anderes Land kann auch den Verlust des gewohnten Status bedeuten. Dazu kommen dann ein neues Umfeld, die andere Kultur und das Gefühl ein Fremder/ eine Fremde zu sein. Besonders deutlich wird das Zusammenkommen zweier Kulturen, wenn AfrikanerInnen ÖsterreicherInnen oder generell EuropäerInnen heiraten. In solchen Situationen werden Unterschiede offensichtlicher. Beide PartnerInnen sind von ihren Herkunftskulturen und den dort vermittelten Geschlechterrollen geprägt.

11.3.4.6 Weitere Probleme

Die Sozialarbeiterin sprach frauenspezifische Probleme an, da sie Klientinnen hat, die von Männern ausgenützt wurden und alleine mit ihren Kindern leben. Diese Frauen haben große Probleme neben der Kinderbetreuung Arbeit zu finden oder sie dürfen aufgrund ihres Aufenthaltsstatus gar nicht in Österreich arbeiten. Damit verbunden sind dann finanzielle Probleme, Sorgen um die Zukunft und Probleme bei der Wohnungssuche.

Ein weiterer Aspekt waren enttäuschte Erwartungen. AfrikanerInnen kommen mit Erwartungen nach Österreich, die nach ihrer Ankunft nicht erfüllt werden.

---

129 Ein Wechsel vom Status AsylwerberIn zu Familienangehörige/r ist nach der momentanen österreichischen Rechtslage nicht möglich.

11.3.5 Religion als Thema in der Beratung

Das Thema Religion kommt in der Arbeit von beiden SozialarbeiterInnen vor. Die Sozialarbeiterin bezeichnet sich selbst als gläubige Frau und spricht das Thema an, wenn sie denkt, dass es passt oder sie äußere Zeichen, wie ein Kreuz bei den KlientInnen sieht. Sie hat damit sehr positive Erfahrungen gemacht. Die KlientInnen haben sich gefreut und den Glauben als etwas Verbindendes angesehen. Die Sozialarbeiterin meint, dass sie dann mehr Hoffnung und Vertrauen spürt.

Beim Sozialarbeiter ist Religion vor allem im Umgang mit NigerianerInnen Thema. Er nimmt sie als strenggläubige ChristInnen wahr, die in ihrer Heimat oft Konflikte mit den Naturreligionen, wie Voodoo oder Juju hatten. Es gibt auch Probleme mit den MuslimInnen in Nigeria, da diese die Mehrheit darstellen und die Staatsgewalt ausüben.

11.3.6 Inkulturation

Erwartungsgemäß kamen die meisten Antworten zu diesem Thema vom Seelsorger. Er ist mit der Thematik vertraut, sowohl theoretisch durch sein Theologiestudium, als auch praktisch durch seine Erfahrungen in der Seelsorge in Nigeria und in Österreich. Die beiden SozialarbeiterInnen hatten den Begriff noch nie gehört. Am ehesten wurde der Begriff noch mit Integration in Verbindung gebracht und mit dem Hinweis einer Interviewpartnerin versehen „Aber dabei sollte man nicht die eigene Identität verlieren." Der Begriff kommt zwar aus der Kulturanthropologie, wurde aber von der katholischen Kirche weiterentwickelt und vor allem auf dem afrikanischen Kontinent zu einem sehr prägenden Begriff. Für den Seelsorger erwiesen sich die Begriffe Inkulturation und Akkulturation als verwirrend. Die beiden Begriffe können sowohl synonym, als auch völlig unterschiedlich gebraucht werden.

Das Thema Akkulturation wurde vom Seelsorger an Beispielen veranschaulicht: Er meinte, dass er selbst zwischen den Kulturen steht. Für die österreichische Pfarrgemeinde feiert er die Messe in 45 Minuten, für die Afrikanische in 2 ½ Stunden. Der Unterschied entsteht durch die Herkunftskulturen der MessbesucherInnen. Ein weiteres Beispiel ist die Verwendung von Musikinstrumenten in der ACC. In den afrikanischen Herkunftsländern der Gemeindemitglieder werden vor allem Trommeln verwendet. In der ACC gibt es auch Gitarren und Keyboard. Diese „europäischen Instrumente" werden dann zusammen mit Trommeln zur Begleitung afrikanischer Lieder eingesetzt.

Menschen sind immer und überall Einflüssen ausgesetzt, bewusst oder unbewusst. Auch AfrikanerInnen in Wien verändern sich und werden von verschiedenen Faktoren beeinflusst.

Joseph Orji schilderte seine persönliche Unterscheidung von Inkulturation und Akkulturation. Unter Inkulturation versteht er, dass zwei Kulturen zusammen kommen sollen und dass nur bestimmte, als positiv beurteilte Eigenschaften dafür von Bedeutung sind. Die negativen Eigenschaften werden weggelassen.

Unter Akkulturation versteht er, dass zwei Kulturen aufeinandertreffen und sich gegenseitig beeinflussen lassen. Akkulturation setzt voraus, dass man bereit ist, von der anderen Kultur zu lernen und versucht, die Mentalität des / der Anderen zu verstehen. Hintergrundinformationen erleichtern den Umgang miteinander. Dann kann man verstehen, wie bestimmte Gesten oder Redewendungen gemeint sind. Veranschaulicht wurde das an folgendem Beispiel: Wenn sich ein Nigerianer / eine Nigerianerin auf die Stirn tippt, verstehen ÖsterreicherInnen: „Du hast einen Vogel! Du spinnst." Gemeint war jedoch: „Du bist sehr intelligent!" oder „Ich muss nachdenken, woher ich dich kenne". Wörter, die der Seelsorger mit den Begriffen Inkulturation / Akkulturation in Zusammenhang gebracht hat, waren kultureller Dialog und Integration.

11.3.7 Die Afrikanische katholische Gemeinde

11.3.7.1 Probleme, mit denen die ACC konfrontiert ist

Die ACC hat keine eigene Kirche und muss daher die Räumlichkeiten mit einer österreichischen Pfarre teilen. Das bietet auch Konfliktpotenzial. Der Seelsorger hat kein eigenes Büro. Diese Bedingungen erschweren die Seelsorge. Oft kommt es zu Konflikten zwischen AfrikanerInnen in der ACC. Durch die erlebte Diskriminierung im Alltag stauen sich viele Aggressionen auf. Diese werden dann in dem Umfeld frei, in dem sich Menschen wohl und geborgen fühlen und wo sie sein können, wie sie sind. So ein Ort ist die ACC.

11.3.7.2 Einnahmen der ACC

Die ACC ist nicht allein, sondern erfährt vielfältige Unterstützung.[130] Unterstützung kommt von den Gemeindemitgliedern bei den Kollekten in der Messe, von afrikanischen Geschäftsleuten und von Veranstaltungen, vor allem vom Basar.[131] Die ACC bekommt auch Geld von der ARGE AAG und einer österreichischen Pfarre. Von diesen Einnahmen können Gemeindemitglieder unterstützt werden.

---

130 Vgl. Kapitel 11.3.8 Vernetzung und Zusammenarbeit mit anderen Institutionen.
131 Entspricht dem Erntedankfest in österreichischen katholischen Pfarren.

Benötigen AfrikanerInnen Unterstützung, die keine Mitglieder der ACC sind, so kann das in der Art geschehen, dass der Seelsorger das mit dem Pfarrgemeinderat bespricht und die Unterstützung gemeinsam beschlossen wird.

11.3.7.3 Was bietet die ACC an?

Der Höhepunkt im Leben der ACC ist die wöchentliche Sonntagsmesse. Sie dauert 2 ½ Stunden. Die Gestaltung ist sehr lebendig und afrikanisch geprägt. Es gibt eine eigene Chorgruppe und nach der Messe haben alle MessbesucherInnen die Möglichkeit zur Agape zu kommen. Das ist eine Art Pfarrcafe, wo sich Leute treffen können, plaudern, zusammen kommen, Informationen austauschen und etwas essen und trinken können, ohne dafür bezahlen zu müssen. Die Seelsorger bieten auch eine wöchentliche Sprechstunde an. Natürlich gehört zu den Aufgaben der ACC auch die Spendung der Sakramente, wie Taufe, Erstkommunion, Firmung, Beichte, Trauung und Krankensalbung. Gegen Ende des Jahres gibt es auch eine „End of the year party".

Die Gemeinde bietet auch Seminare an, z. B. zum Thema Prostitution.
Ein bis zwei Mal pro Jahr macht die Gemeinde einen Ausflug in die Pfarre Gutenstein, dort ist der Rektor der ARGE AAG Pfarrer.

Der Seelsorger sieht seine afrikanische Herkunft als Vorteil für die Arbeit mit der Gemeinde, da dies mehr Vertrauen schafft. Sie sehen ihn als einen von ihnen. Er hat sich von Anfang an in der Gemeinde wohlgefühlt, er fühlt sich dort zu Hause.

11.3.7.4 Finanzielle Unterstützung durch die ACC

Die ACC finanziert Deutschkurse, übernimmt Begräbniskosten und unterstützt die Überführung von Verstorbenen in ihre Heimatländer. Die ACC hilft auch Ordensleuten und MissionarInnen, die die ACC besuchen, in dem sie ihre missionarischen Projekte finanziell unterstützen.

11.3.8 Vernetzung und Zusammenarbeit mit anderen Institutionen

Eine wichtige Fragestellung war, inwiefern die Interviewten in ihren Institutionen Vernetzung erleben. Diese Frage wurde von Joseph Orji sehr ausführlich beantwortet. Es wurde deutlich, dass bei der Vielfalt der Aufgaben der ACC und auch bei der Themenvielfalt, die von AfrikanerInnen an ihn herangetragen wird ein „Arbeiten im Alleingang" nicht möglich ist. Die Zusammenarbeit lässt sich in einen kirchlichen und in einen sozialen Bereich gliedern. In diesem Fall wurde entschieden, Einrichtungen der Caritas dem sozialen Bereich zu zuordnen, auch wenn sie unter kirchlicher Trägerschaft geführt werden, da in diesem Bereich Sozialarbeit eine zentrale Stellung einnimmt.[132]

11.3.8.1 Kirchlicher Bereich

- Die ACC hat einen Pfarrgemeinderat, der den Pfarrer in Leitungsaufgaben unterstützt. Die Mitglieder sind zumeist schon lange in Österreich, beherrschen die deutsche Sprache und sind mit der österreichischen Kultur vertraut.
- Die ACC arbeitet auch mit österreichischen Pfarren zusammen, von denen sie auch unterstützt werden. Zu diesen Gemeinden gehört die österreichische Pfarre, mit der sich die Gemeinde die Kirche teilt und die Pfarre des Rektors der ARGE AAG, der die ACC unterstellt ist. Der Seelsorger lebt in einer Pfarre im 20. Bezirk und kann sich auch dort bei Mitarbeiterinnen und beim Pfarrer Hilfe und Unterstützung für die Gemeinde holen.
- Eine weitere wichtige Person ist Weihbischof Franz Scharl. Er ist in der Erzdiözese Wien für die fremdsprachigen Gemeinden zuständig und ist bei Problemen eine Anlaufstelle. Er unterstützt die ACC finanziell, vermittelt aber auch bei Problemen mit der Polizei oder unterstützt Anträge für humanitären Aufenthalt. Er gibt relevante Informationen an die ACC weiter. Vor seiner Bischofsweihe war er der Pfarrer der österreichischen Gemeinde, die ihre Kirche mit der ACC teilt. Dadurch hat sich eine jahrelange Vertrauensbasis aufgebaut, die sich jetzt in einer guten und engen Zusammenarbeit zeigt.
- Die ACC untersteht der ARGE AAG.[133] Die ARGE organisiert ebenfalls Veranstaltungen und Fortbildungen und unterstützt die Gemeinden, die zu ihr gehören.

11.3.8.2 Sozialer Bereich

Der Seelsorger hat von der Zusammenarbeit mit der Caritas und Frauengruppen erzählt. Es gab auch einmal ein Seminar über Prostitution in der ACC. Er konnte jedoch keine genauen Angaben machen, um welche konkreten Einrichtungen es sich gehandelt hat.

Er hat auch versucht Kontakt mit dem Jugendamt herzustellen, weil er eine Frau aus der ACC unterstützen wollte. Es kam jedoch kein Kontakt zustande.

Der Seelsorger hat Interesse an mehr Zusammenarbeit mit anderen Einrichtungen gezeigt. Es würde seine Arbeit erleichtern. Er schien jedoch nicht

---

132 Vgl. folgende Kapitel in dieser Arbeit: 5 Angebote kirchlicher Organisationen für MigrantInnen in Wien und 5.2 Caritas der Erzdiözese Wien
133 Vgl. folgendes Kapitel dieser Arbeit: 8.3 ARGE AAG

sehr viele Einrichtungen zu kennen, da seine Angaben immer sehr vage waren: Er sprach von „der Caritas" und differenzierte nicht zwischen den vielen Angeboten, die diese Organisation macht. Er stellte sich auch die Frage, inwiefern Religion und Politik miteinander in Berührung kommen sollten, ob sie dann in die Kompetenzbereiche des Anderen eindringen oder sich ergänzen. Beide Aspekte haben ihre Bedeutung. Er meinte, dass vieles besser werden würde, wenn sich Religion und Politik begegnen würden.

11.3.8.3 Zusammenarbeit von SozialarbeiterInnen mit Priestern und Kirchen

Die Sozialarbeiterin wurde befragt, ob sie auch mit Priestern zusammenarbeitet. Sie meinte, dass das nur dann vorkommt, wenn ein Priester jemanden zu ihr in die Beratungsstelle begleitet. Sie meinte auch, dass sie persönlich Kontakte zu Priestern hat und diese auffrischen könnte, wenn sie merkt, dass das KlientInnen helfen würde. Der Sozialarbeiter meinte, dass er eine sehr gute Zusammenarbeit mit der evangelischen Kirche erlebt hat, als er bei der Diakonie gearbeitet hat. In der Deserteurs- und Flüchtlingsberatung gibt es diesbezüglich keine Erfahrungen. Er wünschte sich jedoch mehr Engagement, auch von der katholischen Kirche. Die Kirchen sollten sich mehr einbringen, vor allem sollten sie Stellung beziehen zum Flüchtlingsproblem.

11.3.9 Gefühle bei der Arbeit mit AfrikanerInnen

Ein Gefühl, das erwähnt wurde, war Freude und das vor allem dann, wenn Integration gelungen ist und das auch im Alltag sichtbar wird. Der Seelsorger sprach von Mitleid und dass er mit diesen Menschen mitfühlt. Ein Aspekt, der von der Sozialarbeiterin angesprochen wurde, waren eigene Vorurteile und dass diese durch ihre Arbeit und den damit verbundenen direkten Kontakt mit AfrikanerInnen abgebaut werden konnten.

11.3.10 Perspektiven / Positives

Bei allen vorhandenen Schwierigkeiten sahen die Interviewten auch Hoffnung und dies vor allem für die zweite Generation oder auch dort, wo AfrikanerInnen in unserer Gesellschaft sichtbar werden und den Einstieg ins Berufsleben geschafft haben.

11.3.11 Was ist nach Ansicht der Interviewten wichtig für die Arbeit mit AfrikanerInnen?

Die Sozialarbeiterin meinte, dass Fortbildungen generell gut sind, dass man aber keine eigenen Fortbildungen für die Arbeit mit AfrikanerInnen braucht. Der Sozialarbeiter berichtete, dass sich die MitarbeiterInnen seiner Einrichtung auf bestimmte Herkunftsländer spezialisieren und danach auch die Fortbildungen auswählen, die sie besuchen wollen. Der Seelsorger hat selbst ein Seminar über Migration im Kontext von Religion besucht.

Als hilfreich wurde ein Auslandsaufenthalt erwähnt. Wenn man selbst einmal in einer fremden Kultur war, kann man AfrikanerInnen in Österreich besser verstehen, weil man schon an eigene Erfahrungen anknüpfen kann.

Ein wichtiger Punkt war das Lernen durch die eigene berufliche Erfahrung. Die Sozialarbeiterin berichtete, dass sich ihre Sichtweise verändert hat und Berührungsängste mit AfrikanerInnen abgebaut wurden. Sie kann AfrikanerInnen jetzt besser verstehen, auch wie sie reagieren. In ihrer Einrichtung gibt es viele KollegInnen, die schon über jahrelange Erfahrungen verfügen. Das sind auch Ressourcen für eine Einrichtung. Der Sozialarbeiter verfügt über jahrzehntelange Erfahrung in der Flüchtlingsarbeit bei verschiedenen Trägern und Einrichtungen.

Ein wesentlicher Aspekt ist die Offenheit für andere Kulturen. Das hilft Menschen anzunehmen, wie sie sind und sie dort abzuholen, wo sie stehen. Dabei geht es um Interesse an den Herkunftsländern und um eine gewisse Bereitschaft sich auch bei den AfrikanerInnen zu integrieren und nicht nur von ihnen Integration zu verlangen.

Integration ist keine Einbahnstraße, sondern ein gegenseitiger Prozess.

11.4 Ergebnisse und Ausblick

Die befragten ExpertInnen sind im Rahmen ihrer beruflichen Tätigkeit mit AfrikanerInnen konfrontiert. Sie hören in persönlichen Gesprächen von ihren Problemen und Anliegen und suchen mit ihnen nach Unterstützungsmöglichkeiten und Problemlösungen.

Die österreichische Gesetzeslage schränkt Interventionsmöglichkeiten ein. Die befragten ExpertInnen haben eine große Zahl von Problemen geschildert mit denen AfrikanerInnen in Wien konfrontiert sind. Dabei war immer wieder die Diskriminierung wegen der Hautfarbe Thema.

Die persönliche und berufliche Erfahrung wurde in der Arbeit mit AfrikanerInnen hilfreich erlebt. Die Zusammenarbeit mit anderen Institutionen wurde gewünscht. Der Bedarf als Rechtsberatungsstelle mit Priestern zusammenzuarbeiten wurde als gering eingeschätzt.

Kultur und kulturelle Unterschiede wurden zu einem weiteren zentralen Thema der Interviews. Inkulturation war nur dem Priester geläufig. Der Begriff ist stark von der Theologie geprägt und hätte mehr Erklärung für die SozialarbeiterInnen erfordert, damit diese sich ein besseres Bild von der damit verbundenen Thematik hätten machen können.

Religion ist ein Thema in der Beratung, das viele verschiedene Aspekte aufweist:
- Religiöse Gründe für das Verlassen der Heimat
- Ein hoher Stellenwert von Religion im eigenen Leben
- Ein großes Vertrauen gegenüber Priestern

Der Priester hat einen Einblick in das Leben und die Aufgaben der ACC ermöglicht. Die Gemeinde ist ein Treffpunkt für AfrikanerInnen in Wien, die ihren Glauben und ihr Leben miteinander teilen wollen. Die ACC setzt vielfältige Angebote und bietet auch Hilfestellung und finanzielle Unterstützung. Österreichische Pfarren, die ARGE AAG und Weihbischof Scharl unterstützen die Gemeinde.

Ein weiterer Einblick in die Gemeinde wurde durch eine Befragung der Gemeindemitglieder mit Hilfe von Fragebögen ermöglicht. Die folgenden Kapitel sind der Darstellung der Forschungsmethode, der Erhebung und der Ergebnisse gewidmet.

12 Quantitative Erhebung

12.1 Fragebögen

Fragebögen gehören zu den am Häufigsten verwendeten Erhebungsinstrumenten der Sozialforschung.[134] Da es aus verschiedenen Gründen (Kosten, Zeit, ...) nicht möglich ist die Grundgesamtheit aller für die Untersuchung relevanten Personen zu befragen, muss man sich auf eine Stichprobe beschränken.[135] Bei der Wahl des Auswahlverfahrens für die Stichprobe wurde die Zufallsauswahl (Random – Verfahren) gewählt:[136] In diesem konkreten Fall bedeutet das, das Verteilen der Fragebögen an Besucher eines Sonntagsgottesdienstes. Wer an diesem Tag da ist und bereit ist den Fragebogen auszufüllen, wird so zum Bestandteil der Stichprobe.

Die Grundgesamtheit sind alle Mitglieder der ACC. Darunter sind in diesem Fall alle registrierten Mitglieder der ACC zu verstehen und auch jene, die die Gottesdienste der ACC besuchen, ohne registrierte Mitglieder zu sein. *„Je größer die Stichprobe gewählt wird, desto stärker ist die Annäherung an die wahren Werte der Grundgesamtheit."*[137]

12.2 Die Zielgruppe der quantitativen Erhebung: Die Afrikanische katholische Gemeinde in Wien (ACC)[138]

Die ACC wurde 1987 gegründet. Die Mitglieder kommen aus Afrikanischen und karibischen Staaten. Die Gemeinde hat keine eigene Kirche, sondern teilt sich die Räume mit der Pfarre Auferstehung Christi, 1050 Wien. Jeden Sonntag um 11.15 Uhr ist Gottesdienst. Einmal in der Woche gibt es eine Sprechstunde der beiden Seelsorger. Diese beiden Priester stammen aus Nigeria und Kenia und studieren an der Universität Wien Theologie.

Auf die Aufgaben und Angebote der ACC wurde im Rahmen der qualitativen Erhebung ausführlich eingegangen. Die Gemeinde hat derzeit über 400 registrierte[139] Mitglieder. Joseph Monday Orji schätzt die Zahl der Menschen,

---

134 Vgl. Pallas 2006, 333.
135 Vgl. Pallas 2006, 334.
136 Vgl. Pallas 2006, 335.
137 Vgl. Pallas 2006, 336.
138 Die Informationen für dieses Kapitel wurden dem Interview mit dem Seelsorger der ACC, Joseph Monday Orji entnommen.
139 Wer möchte, kann sich als Mitglied der ACC eintragen lassen und bekommt dafür einen Mitgliedsausweis. Dieser Ausweis wurde eingeführt, um konkrete Zahlen über die Größe der ACC nennen zu können. Männer bezahlen jährlich 3 €, Frauen 2 € und Kinder 0,50 € Mitgliedsbeitrag.

die in die ACC kommen höher ein.[140] Die Gemeinde besteht aus Mitgliedern, die seit Jahren in Österreich leben und gut integriert sind und auch aus einer großen Anzahl an AsylwerberInnen. Das österreichische Aufenthaltsrecht und die damit verbundenen Schwierigkeiten von AfrikanerInnen, dauerhaft in Österreich leben zu können, bewirken eine große Fluktuation in der Gemeinde. AfrikanerInnen kommen nach Österreich und andere verlassen das Land, weil sie abgeschoben werden, keine Zukunft mehr für sich sehen oder ihr Studium beendet haben.

12.3 Entwicklung des Erhebungsinstrumentes / des Fragebogens

Der Fragebogen wurde zuerst auf Deutsch konzipiert, um leichter feststellen zu können, ob die Fragestellungen dieser Arbeit damit erfasst werden können.

Die Entwicklung des Fragebogens erfolgte in zwei Etappen. Der Beginn wurde in einer Kleingruppe mit 4 KollegInnen des 4. Jahrgangs des Diplomstudiengangs „Sozialarbeit im städtischen Raum" im Rahmen der Lehrveranstaltung Sozialforschung 6 entwickelt. Diese erste Vorlage wurde mit AfrikanerInnen diskutiert und weiterentwickelt, da es das Ziel war die Mitglieder der ACC zu erreichen. Durch diese Diskussionen konnte auch mehr über Einstellungen von AfrikanerInnen in Erfahrung gebracht werden, über Werte und Gründe, warum Menschen in die ACC gehen. Diese Gespräche haben sich bei der Entwicklung der Antwortformate als sehr hilfreich erwiesen.

Nach der Fertigstellung der deutschen Fassung wurde der Fragebogen auf Englisch übersetzt und anschließend von zwei Nigerianern überarbeitet. Ziel dieses Schrittes war es, ein für die Zielgruppe gut verständliches Englisch und der Zielgruppe vertraute Begriffe zu verwenden. Diese Verständlichkeit wurde im Rahmen des Pretests überprüft und notwendige Änderungen bei Fragen und Formulierungen vorgenommen. Der Fragebogen bestand aus 5 Bereichen und insgesamt 21 Fragen.[141]

Die 5 Bereiche waren:
- Personal data
- Where do you go when you need help and where do you get it?
- Questions around African Catholic Community
- Living in Austria
- Closing Questions

Für die Darstellung der Ergebnisse wurden zum Großteil die deutschen Übersetzungen des Fragebogens gewählt. Vor allem die englischen Bezeichnungen

---

140 Auskunft laut Telefonat mit Joseph Monday Orji vom 09.03.2009.
141 Der vollständige Fragebogen befindet sich im Anhang.

der Aufenthaltstitel können nicht als allgemein verständlich vorausgesetzt werden.

12.4 Die Durchführung der quantitativen Erhebung

Der Erhebung mittels Fragebogen ging die Durchführung der Interviews mit der Sozialarbeiterin und dem Seelsorger voraus. Die Fragebögen sollten an möglichst viele Mitglieder der ACC ausgeteilt werden. Da die meisten Personen zu den Sonntagsgottesdiensten kommen, sollten die Fragebögen nach einem Gottesdienst in der Kirche ausgeteilt werden. Diese Herangehensweise birgt gewisse Risiken, wie die gegenseitige Beeinflussung, wenn Menschen nahe beieinander in Kirchenbänken sitzen. Es wurde jedoch von dieser Vorgangsweise eine hohe Rücklaufquote erhofft und auch keine andere Möglichkeit gesehen eine große Zahl dieser Zielgruppe zu erreichen. Die Mitglieder wohnen in den verschiedenen Teilen Wiens oder außerhalb der Stadt, und der Großteil kommt nur an Sonntagen in die ACC. Der Feldzugang und die Durchführung der Erhebung mittels Fragebogen erfolgten in enger Zusammenarbeit mit dem leitenden Seelsorger der ACC. Zuerst wurden die church warden (Mitglieder, die während der Gottesdienste als Ordner fungieren) über das Vorhaben informiert. In den beiden Gottesdiensten vor der Durchführung der Befragung wurden die Gottesdienstbesucher vom Seelsorger über die Befragung informiert und darauf vorbereitet und konnten Fragen und Befürchtungen äußern. Eine große Sorge war schon im Vorfeld, ob die Anonymität auch wirklich garantiert sei. Die Angst vor Polizei, drohender Schubhaft, Abschiebung, Gefängnisaufenthalten, ... ist bei der Zielgruppe sehr groß. Diese Themen waren auch Inhalte der Interviews.

Die eigentliche Durchführung der Befragung erfolgte am Ende des Gottesdienstes. Die church warden teilten nach der Kommunion 200 Fragebögen an die Gemeindemitglieder aus. Der Kirchenchor spielte Musik. Dadurch wurde Zeit zum Ausfüllen geschaffen. Die church warden sammelten die Bögen auch wieder ein. Die Tatsache, dass die Befragung einen eigenen Platz während des Gottesdienstes bekommen hatte, hat sich als günstig erwiesen und erklärt auch die hohe Rücklaufquote. Von 200 vorhandenen Bögen kamen 165 ausgefüllt zurück. Davon konnten wiederum 158 für die Auswertung verwendet werden.

12.5 Die 7 Bögen, die nicht in die Auswertung genommen wurden

Bei zwei Fragebögen wurden zu wenige Fragen beantwortet. Die Bögen waren unvollständig ausgefüllt. Ein weiterer Fragebogen wies bei mehreren Fragen Mehrfachantworten auf, wo keine möglich waren.

Drei Bögen wurden von Österreicherinnen ausgefüllt. Die Zielgruppe waren jedoch AfrikanerInnen, da es wichtig war, die Meinungen, Erfahrungen und Anliegen dieser Gruppe darzustellen. Dasselbe gilt für den siebenten Fragebogen, der von einer Person ausgefüllt wurde, die ursprünglich aus Polen stammt.

Erwähnt werden soll an dieser Stelle, dass diese zuletzt erwähnten vier Personen unter anderem angekreuzt haben, dass sie in die ACC gehen, weil sie sich dort zu Hause fühlen. Eine der vier Frauen hat am Schluss angemerkt, dass ihr Mann seit 2003 in Österreich lebt, sie seit 2005 verheiratet sind, zwei Kinder haben und er noch immer keinen Aufenthaltstitel hat.

12.6 Die Auswertung der Ergebnisse

Die Auswertung der ausgefüllten Fragebögen und die Datenaufbereitung erfolgten computerunterstützt über SPSS.

12.7 Die Darstellung der Ergebnisse

Von 23 Fragen waren 16 nominal skaliert. Bei Nominalskalen kann man für verschiedene Merkmalsausprägungen eine Häufigkeitsverteilung darstellen. Dazu eignen sich Diagramme. In der folgenden Darstellung der Ergebnisse findet sich eine große Anzahl von Diagrammen. Diagramme veranschaulichen die Ergebnisse und ermöglichen einen besseren Ein- und Überblick als die reine Präsentation von Zahlen.

Anliegen der folgenden Darstellung sind die Beschreibung und Vorstellung der Zielgruppe, die Darstellung bisheriger Erfahrungen der Befragten mit SozialarbeiterInnen und Priestern sowie weiterer Darstellungen von Motivationen und Einstellungen zu verschiedenen Themen rund um die ACC und das Leben in Österreich.

12.8 Die befragten Personen – Allgemeines

12.8.1 Alter

Die jüngste befragte Person war 10 Jahre alt, die Älteste 59 Jahre. Der Mittelwert lag bei 32 Jahren bei einer Standardabweichung von 9. Unter der Annahme einer Normalverteilung liegen demnach zwei Drittel der befragten Personen zwischen 23 und 41 Jahren. 11 Personen haben ihr Alter nicht angegeben.

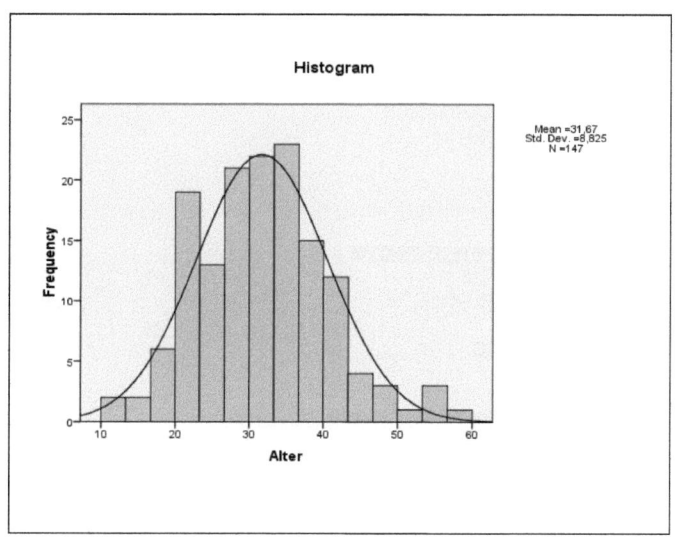

Abbildung 1: Das Alter der Befragten

12.8.2 Geschlecht

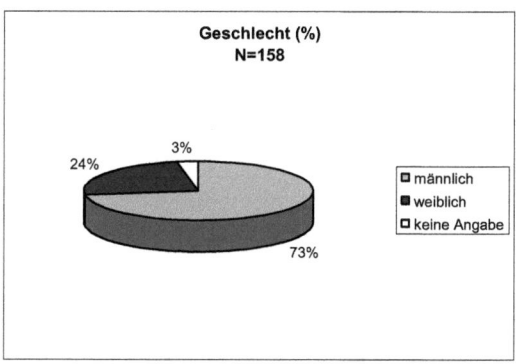

Abbildung 2: Geschlecht

Die Frage nach dem Geschlecht haben 153 von 158 Personen beantwortet. Dabei handelt es sich um 115 Männer und 38 Frauen. Das heißt, 72,8 % der Befragten waren Männer, 24,1 % Frauen und 3,2 % haben keine Angaben gemacht.

12.8.3 Aufenthaltstitel / What is your status in Austria?

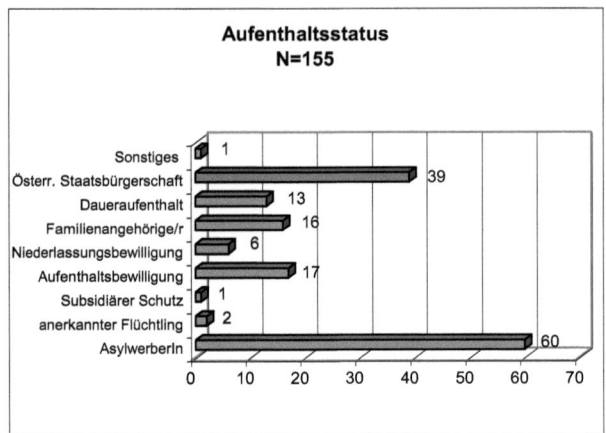

Abbildung 3: Aufenthaltsstatus

Die Zielgruppe wurde nach ihrem Status in Österreich gefragt. Dabei wurden 8 Aufenthaltstitel vorgegeben und mit den Kategorien „Weiß ich nicht" und „Sonstiges" ergänzt. Die Kategorie „Weiß ich nicht" wurde nicht gewählt. Bei „Sonstiges" wurde „befristeter Aufenthalt" ergänzt. Diese Bezeichnung könnte auch in die Kategorie „Aufenthaltsbewilligung" fallen, da diese eine Form von befristetem Aufenthalt darstellt. Weil diese Zuordnung nicht sicher festgestellt werden kann, wurde die Bezeichnung in der Kategorie „Sonstiges" belassen. Die größten Gruppen stellen AsylwerberInnen (60) und Österreichische StaatsbürgerInnen (38) dar.

12.8.3.1 Aufenthaltstitel und Geschlecht

Die Person, die als Aufenthaltstitel „Subsidiärer Schutz" angegeben hat, hat keine Angaben über das Geschlecht gemacht. Sie kommt daher in der folgenden Darstellung nach Geschlecht nicht vor. Auffällig ist der hohe Anteil von Männern bei den AsylwerberInnen (54 von 59, die Angaben über ihr Geschlecht gemacht haben). Bei Sonstiges wurde befristeter Aufenthalt angegeben (vergleiche oben). Bei den Männern waren die größte Gruppe Asylwerber, bei den Frauen waren es die österreichischen Staatsbürgerinnen. Asylwerberinnen kommen erst an dritter Stelle, zusammen mit Aufenthaltsbewilligungen.

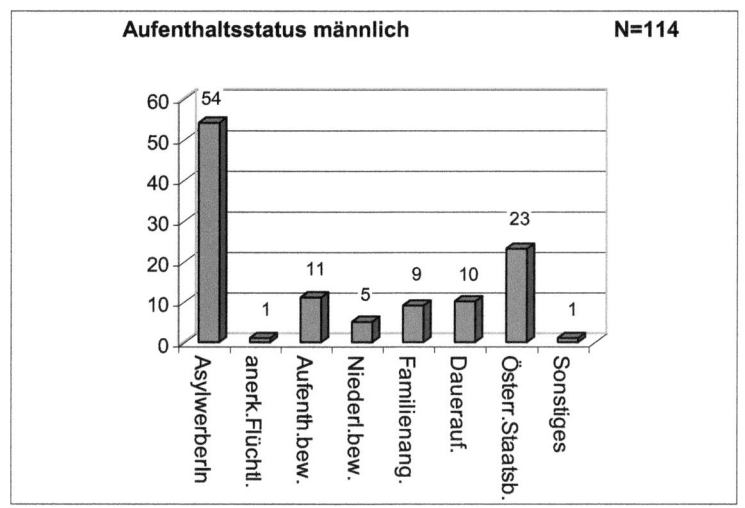

Abbildung 4: Aufenthaltsstatus der männlichen Befragten

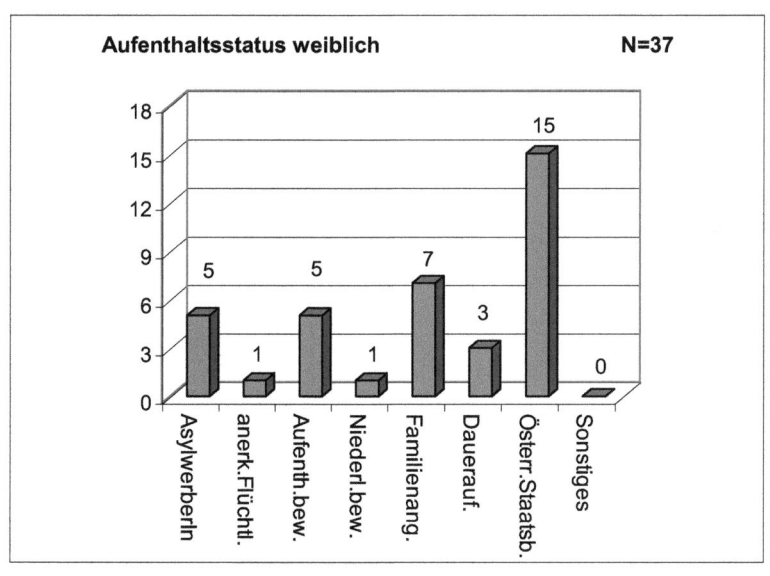

Abbildung 5: Aufenthaltsstatus der weiblichen Befragten

12.8.4 Herkunftsländer

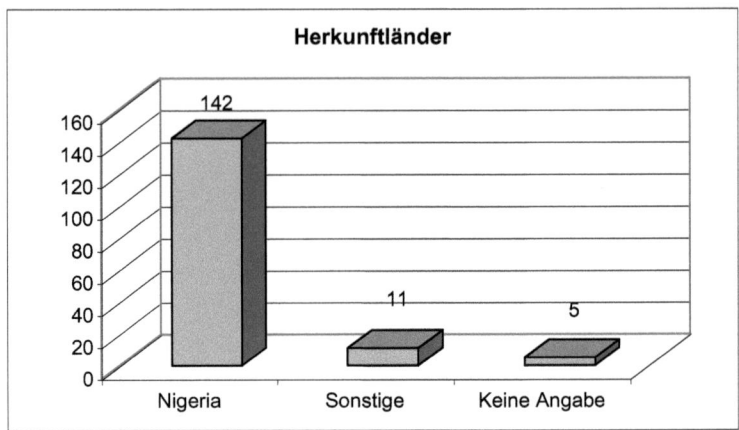

Abbildung 6: Herkunftsländer

Bei den Herkunftsländern waren 142 Personen aus Nigeria und jeweils zwei Personen aus Kamerun, Gambia, Liberia und dem Sudan. Je eine Person kam aus Tansania, Sierra Leone und Uganda. 5 Personen haben keine Angaben gemacht.

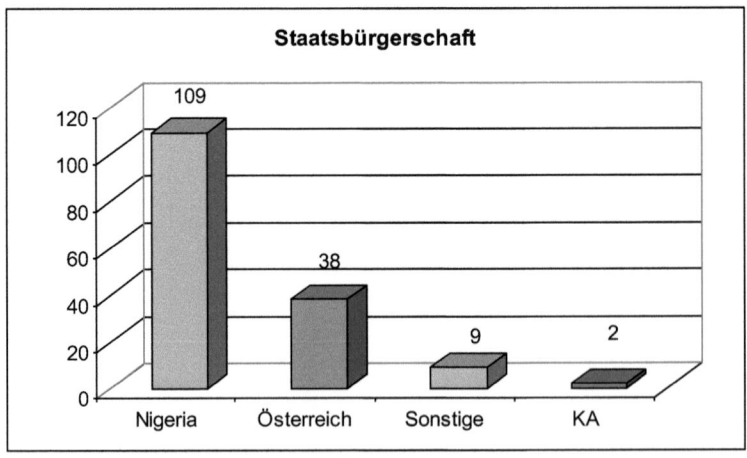

Abbildung 7: Staatsbürgerschaft

12.8.5 Staatsbürgerschaft

109 Personen waren nigerianische StaatsbürgerInnen, 38 Personen österreichische StaatsbürgerInnen (davon 33 nigerianischer Herkunft) und 9 Personen haben die Kategorie „Sonstige" angegeben. Davon waren je 2 Personen gambische Staatsbürger, sudanesische StaatsbürgerInnen und StaatsbürgerInnen aus Kamerun. Je eine Person hatte die Staatsbürgerschaft von Liberia, Sierra Leone und Uganda. Zwei Personen haben keine Angaben gemacht. Siehe Abbildung 7.

12.8.6 Dauer des Aufenthalts in Österreich / How long have you been in Austria?

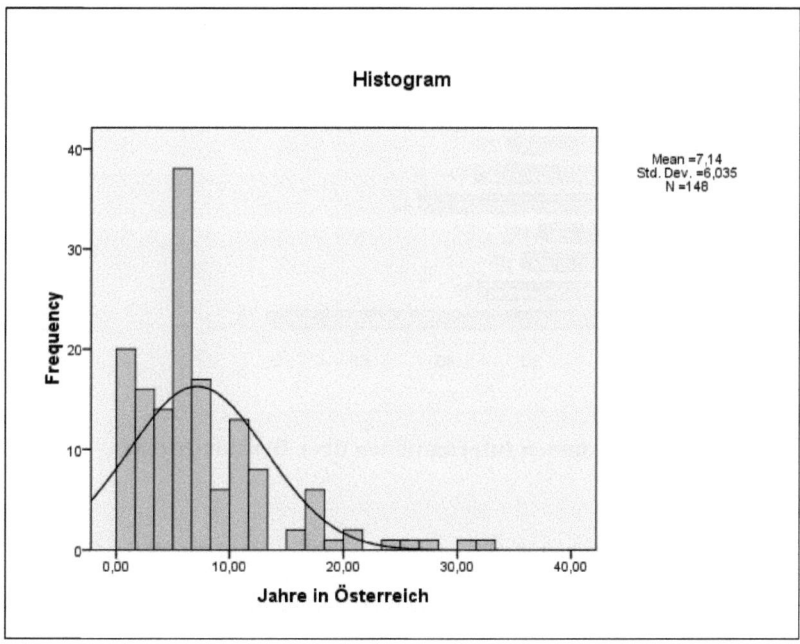

Abbildung 8: Aufenthaltsdauer in Österreich

Die kürzeste Aufenthaltsdauer betrug 0,1 Jahre, die längste 33 Jahre. Der Mittelwert lag bei 7,14 Jahren bei einer Standardabweichung von 6,035. Unter der Annahme einer Normalverteilung liegt die Aufenthaltsdauer von zwei Dritteln der befragten Personen zwischen 1,105 und 13,175 Jahren. 10 Personen haben keine Angaben gemacht.

12.9 Wo gehen Sie hin, wenn Sie Hilfe brauchen und wo bekommen Sie diese?

12.9.1 Informationen über Beratungsstellen

Bei dieser Frage waren Mehrfachnennungen möglich. Es wurden sechs Kategorien vorgegeben und mit der Kategorie „Sonstiges" ergänzt. Die häufigsten Nennungen entfielen auf Familie, Freunde, Bekannte und die ACC, gefolgt von Beratungsstellen. Danach folgte die Information durch Medien wie Internet, Fernsehen und Zeitungen. Unter Sonstiges wurden Ute Bock (4), Caritas (3), Diakonie (2), Rechtsanwälte (2), Gott (1), AMS (1), Kurse besuchen (1) und Arbeit (1) genannt.

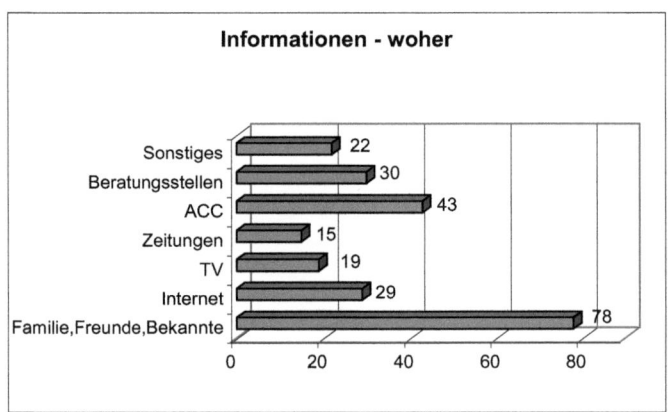

Abbildung 9: Woher kommen Informationen über Beratungsstellen

12.9.2 Kontakt mit SozialarbeiterInnen / Beratungsstellen und Priestern

Die Zielgruppe wurde gefragt, ob sie schon SozialarbeiterInnen / Beratungsstellen oder Priester bei Problemen aufgesucht hat. 69,7 % der Befragten waren schon bei SozialarbeiterInnen und 40,4 % bei einem Priester.

12.9.3 Zufriedenheit mit der erhaltenen Hilfestellung

Es gab eine sechsteilige Skala von „very satisfied" bis „not satisfied".

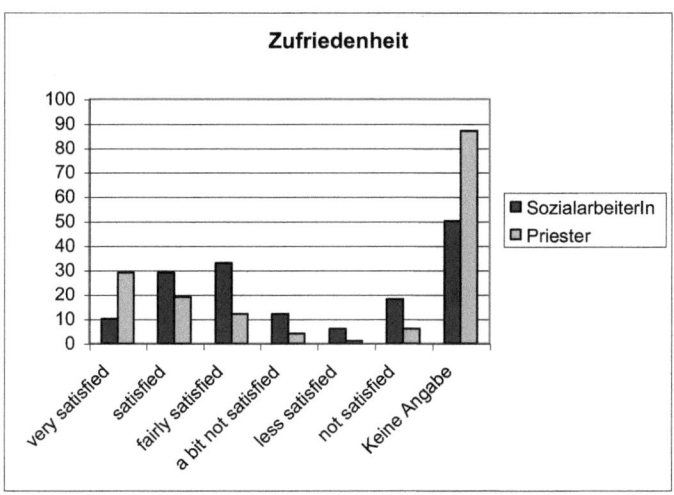

Abbildung 10: Zufriedenheit mit der erhaltenen Hilfestellung

Die Zufriedenheit mit der Unterstützung durch Priester war sehr hoch. Ein Großteil der Befragten war mit der Unterstützung durch SozialarbeiterInnen zufrieden. Auffällig ist der hohe Anteil (18 Personen) an Personen, die nicht zufrieden waren.

12.9.4 In welchen Bereichen wurde Hilfe benötigt und wo fehlt sie?

Diese Fragen umfassten den Themenbereich Sozialarbeit / Beratungsstellen. Mehrfachnennungen waren möglich. Es wurden Kategorien vorgegeben und mit der Kategorie „Sonstiges" ergänzt. Es sollte erhoben werden, mit welchen Anliegen die Zielgruppe schon bei SozialarbeiterInnen / in Beratungsstellen war.

Unter Sonstiges wurden bei benötigter Unterstützung Studium, Schule, Aufenthalt, Rassismus und Probleme mit dem Jugendamt genannt. Bei fehlender Unterstützung wurden bei Sonstiges Finanzielles, Aufenthalt, Rassismus und Probleme mit dem Jugendamt genannt. Siehe Abbildung 11.

12.9.5 Die Bereiche, in denen Hilfe beim Priester gesucht wurde

Bei dieser Frage waren Mehrfachnennungen möglich. Es wurden Kategorien vorgegeben und mit der Kategorie „Sonstiges" ergänzt. Der häufigste Grund den Priester aufzusuchen waren religiöse Anliegen. Zu den Anliegen, die an den

Priester herangetragen wurden, gehörten aber auch die Themenbereiche Aufenthaltsbewilligung, Deutsch lernen und arbeiten. Unter Sonstiges fielen Taufe, Österreichischer Pass, Aufenthalt und Jugendamt. Siehe Abbildung 12.

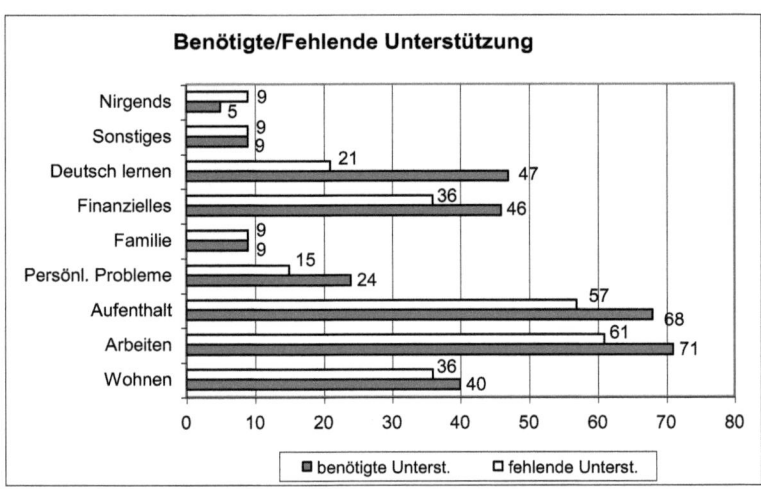

Abbildung 11: Benötigte / fehlende Unterstützung

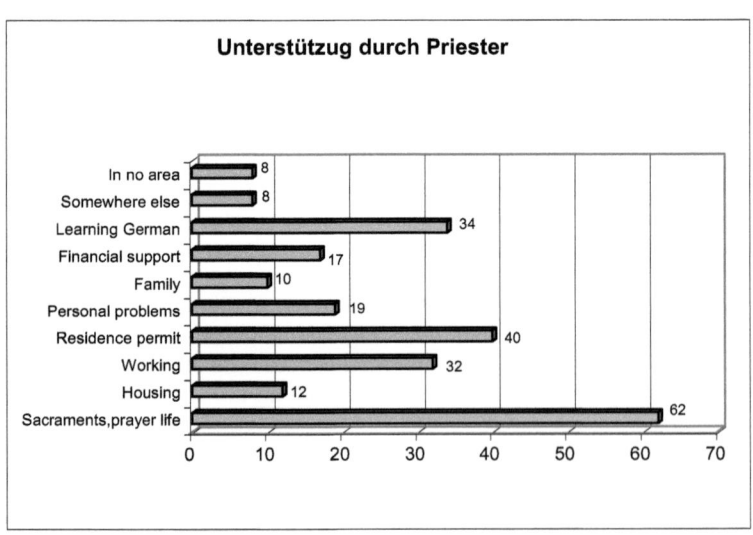

Abbildung 12: Unterstützung durch Priester

12.9.6 Wohin würden Sie zuerst gehen?

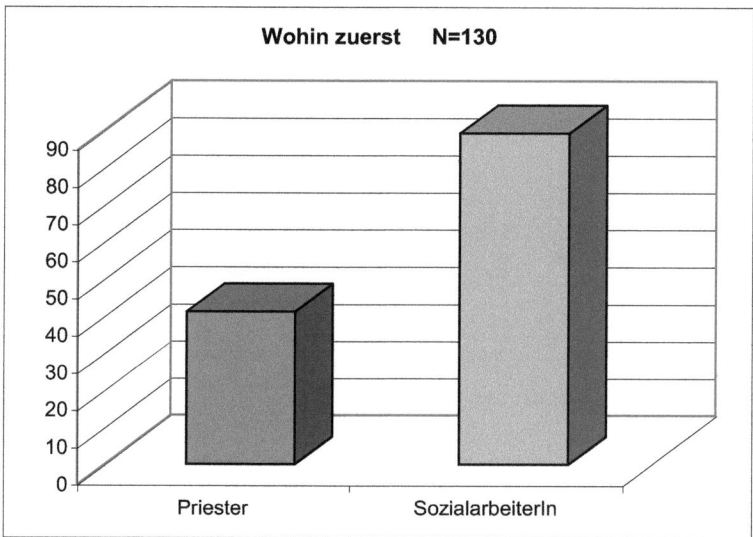

Abbildung 13: Wer wird zuerst aufgesucht

Wenn die befragten Personen Probleme haben, würden 41 Personen zuerst zu einem Priester gehen und 89 Personen zu SozialarbeiterInnen. 28 Personen haben keine der beiden Möglichkeiten angegeben. In Einzelfällen wurde von den befragten Personen eine dritte Kategorie händisch hinzugefügt und mit „Rechtsanwalt" ergänzt. Es ging bei dieser Frage jedoch um eine Gegenüberstellung von SozialarbeiterInnen und Priestern.

12.10 Fragen rund um die ACC

12.10.1 Die Häufigkeit der Besuche in der ACC

80,6 Prozent gehen mindestens einmal pro Woche in die ACC. Die größte Gruppe besteht aus wöchentlichen BesucherInnen.

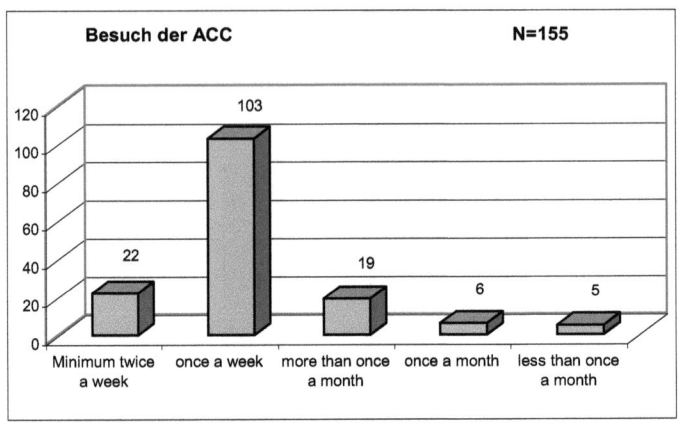

Abbildung 14: Häufigkeit der ACC Besuche

12.10.2 Gründe, um in die ACC zu kommen

Der am Häufigsten genannte Grund war „weil ich beten möchte", gefolgt von „weil ich mich dort zu Hause fühle". Die ACC wird auch als Ort genannt, wo man Hilfe und Informationen bekommt.

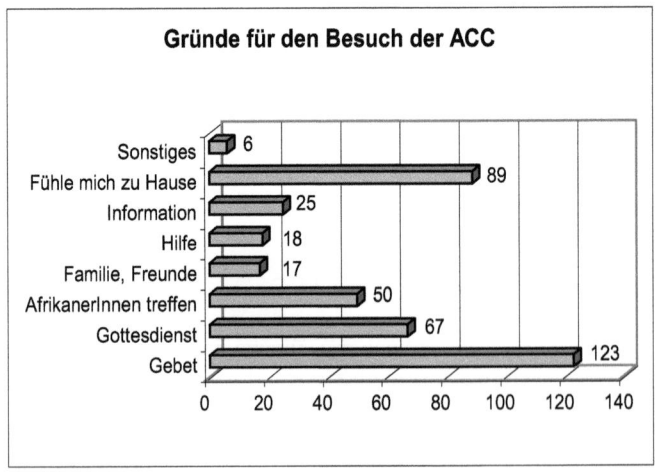

Abbildung 15: Gründe für den Besuch der ACC

12.11 Fragen rund um das Leben in Österreich

12.11.1 Denken Sie, dass ÖsterreicherInnen, AfrikanerInnen, die in Wien leben, verstehen?

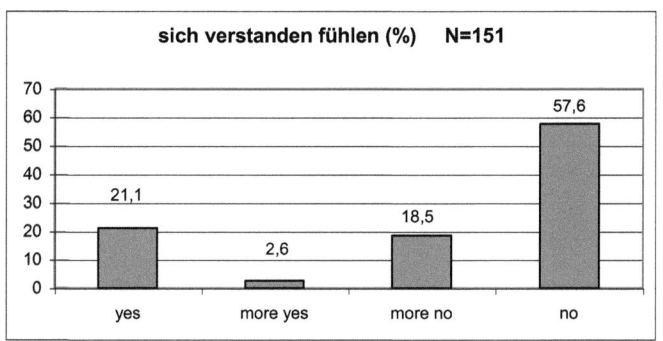

Abbildung 16: Die Fähigkeit AfrikanerInnen in Wien zu verstehen

Die Fragestellung lautete auf Englisch: Do you think that Austrians understand Africans who live in Vienna? Mehr als 50 Prozent der Befragten denken, dass ÖsterreicherInnen AfrikanerInnen, die in Wien leben nicht verstehen.

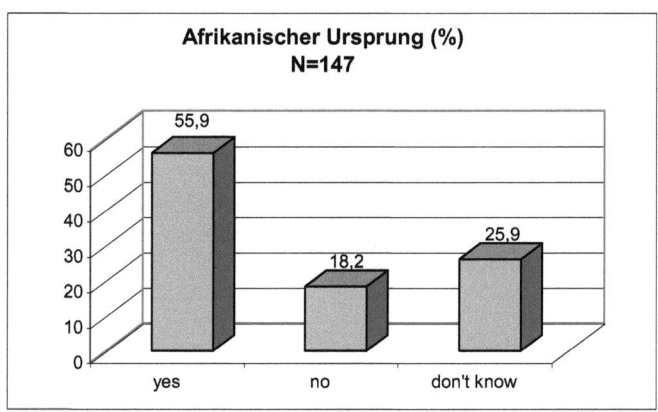

Abbildung 17: Der Zusammenhang von Herkunft und sich unverstanden fühlen

12.11.2 Zusammenhang von sich unverstanden fühlen und afrikanischer Herkunft

Auf die Frage, ob das sich unverstanden fühlen mit der afrikanischen Herkunft zusammenhängen könnte, haben 55,9 Prozent mit Ja geantwortet. Siehe Abbildung 17.

12.11.3 Hilft die ACC bei der Integration in die österreichische Gesellschaft?

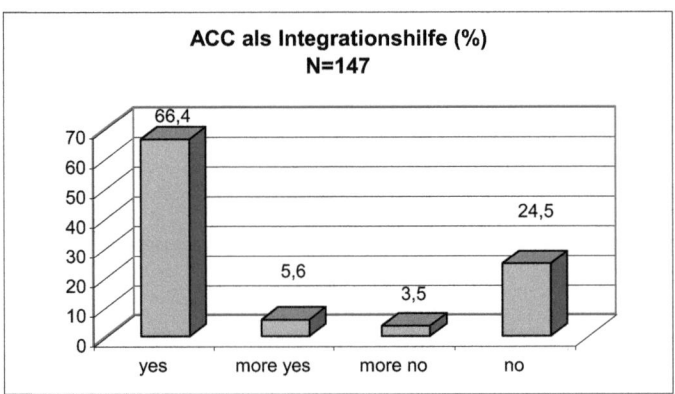

Abbildung 18: Die ACC als Integrationshilfe

Die ACC wird von zwei Dritteln der Befragten als Integrationshilfe erlebt.

12.11.4 Wird mehr Zusammenarbeit von Priestern und Beratungsstellen gewünscht?

137 Personen sind für mehr Zusammenarbeit von Priestern und MitarbeiterInnen von Beratungsstellen, eine Person ist dagegen und 9 Personen wissen es nicht. 11 Personen haben diese Frage nicht beantwortet.

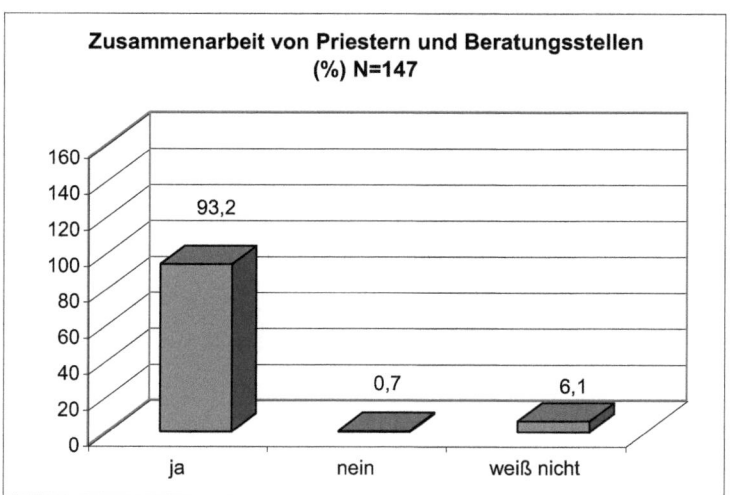

Abbildung 19: Der Wunsch nach Zusammenarbeit von Priestern und SozialarbeiterInnen

12.12 Abschließende Fragen

12.12.1 Was würde am meisten benötigt werden, um besser in Österreich leben zu können?

Bei dieser Frage waren Mehrfachnennungen möglich. Es wurden Kategorien vorgegeben und mit der Kategorie „Sonstiges" ergänzt. Um besser in Österreich leben zu können, würde mehr Unterstützung in den Bereichen Aufenthaltsbewilligung, Jobsuche und Deutsch lernen benötigt. 38 Personen würden mehr Kontakt mit ÖsterreicherInnen als hilfreich empfinden. Siehe Abbildung 20.

12.12.2 Die Abschlussfrage „Is there anything you'd like to add?"

Die letzte Frage hat ein unerwartetes Ergebnis gebracht. Die Frage „Is there anything you'd like to add?" wurde von 84 Personen beantwortet. Es war die einzige Frage, die ein ausschließlich freies Antwortformat hatte. Erfahrungsgemäß werden solche Fragen nicht oder nur von sehr wenigen Personen ausgefüllt. In diesem Fall haben 84 Personen (53,2 Prozent) etwas hingeschrieben, darunter 35 AsylwerberInnen.

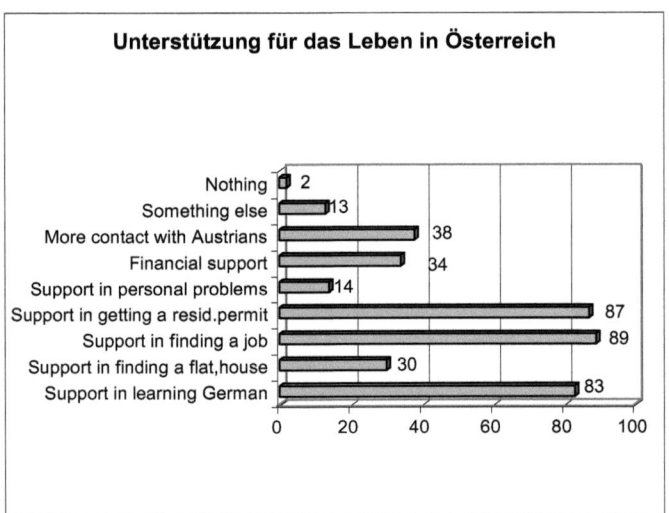

Abbildung 20: Benötigte Unterstützung für ein besseres Leben in Österreich

Besonders die zuletzt genannte Gruppe hat sonst kaum Möglichkeiten ihre Meinung in der Öffentlichkeit zu sagen. Die letzte Frage schien als Sprachrohr erlebt worden zu sein. Hier wurde eine Möglichkeit gegeben, anonym die eigene Meinung und Wünsche auszudrücken. Die Anonymität nahm die Angst vor negativen Konsequenzen. Und Angst war immer wieder Thema während der Forschung. Es wurden in Gesprächen negative Erfahrungen mit der Polizei geäußert und von Unsicherheit gesprochen, wie die Zukunft in Österreich aussehen kann, bzw. ob es überhaupt eine Zukunft in diesem Land gibt.

Es wurde versucht, aus den Antworten Kategorien zu bilden: Dabei haben sich folgende Kategorien ergeben:
2 Hauptkategorien:
- Glück- und Segenswünsche:
  Ein Teil der Antworten bestand aus Segenswünschen wie „God bless you" oder anderen guten Wünschen wie „Good luck".
- Inhaltliche Anmerkungen:
  Ein weiterer und größerer Teil war inhaltlicher Natur. In diese Kategorie fielen 76 von 84 Anmerkungen. Manche davon beinhalteten zusätzlich Glück- und Segenswünsche.

Im Wesentlichen wurden folgende Themenbereiche angesprochen:

- Der Wunsch nach Arbeitsmöglichkeiten (v. a. für AsylwerberInnen), in Österreich leben und bleiben zu können, einen legalen Aufenthalt zu haben
- Der Wunsch nach mehr Akzeptanz und weniger Vorurteilen von der österreichischen Bevölkerung
- Rassismus und Diskriminierung
- Aufenthaltstitel für AsylwerberInnen

Einige Zitate aus der letzten Frage sollen die Anliegen von AfrikanerInnen in Wien verdeutlichen:[142]

Anmerkungen zum Thema Aufenthalt:
„So many family here have not residence permit many dependent and separated from their wife husband and their family."
„I find it not correct that people who have applied for asylum here / must be sent / deported home after waiting 5 to 10 years in Austria."

Anmerkungen zum Wunsch nach Akzeptanz:
„The only way we can live better in Austria is when the Austrian starts accepting other foreign in their country."
„Although I have been born here, the Austrian does not accept me as one of their own."
„The people should see us as human beings. They should extend friendly hands on us rather than see us the other way."

Eine Anmerkung, die das Wesen von Inkulturation treffend ausdrückt:
„Africans here should not forget the rich moral background back home. Not everything here is worth learning or assimilating."

12.13 Zusammenfassung der quantitativen Erhebung

Die Befragten Personen sind in schulpflichtigem oder erwerbsfähigem Alter. Das erklärt auch den häufig genannten Wunsch nach Arbeitsmöglichkeiten.

2001 lag der Frauenanteil bei in Wien lebenden AfrikanerInnen bei 35 Prozent.[143] Bei der im Rahmen dieser Arbeit befragten Gruppe betrug er 24 Prozent. Beide Ergebnisse zeigen den großen Unterschied in der Geschlechterverteilung von AfrikanerInnen in Österreich.

---

142 Auf Korrekturen bezüglich Rechtschreibung und Grammatik wurde bei diesen Wortmeldungen bewusst verzichtet. Die Aussagen sollen so wieder gegeben werden, wie sie von den Befragten niedergeschrieben wurden.
143 Vgl. Kapitel 2.2 Migration von AfrikanerInnen nach Europa / Österreich.

Bei den befragten Männern umfasste die größte Gruppe Asylwerber. Das heißt, in der ACC gibt es eine große Anzahl von Personen, die eine besonders ungewisse Zukunft vor sich haben, weil sie nicht wissen, wie lange sie noch in Österreich bleiben können und weil sie kaum Arbeitsmöglichkeiten haben.
Bei den Frauen gab es kaum Asylwerberinnen. Das Thema Aufenthalt stellte für diese Gruppe eher im Zusammenhang mit ihren Ehemännern eine Belastung dar, wenn es sich bei diesen um Asylwerber gehandelt hat.

Die ACC wird hauptsächlich von Menschen nigerianischer Herkunft besucht. Andere Herkunftsländer wurden nur vereinzelt genannt. Dennoch ist die ACC nicht als nigerianische Gemeinde deklariert, sondern steht allen englisch sprechenden AfrikanerInnen offen und wird auch von ÖsterreicherInnen[144] besucht.

40,4 Prozent haben sich schon mit ihren Anliegen an einen Priester gewandt. An diesem Ergebnis wird sichtbar, dass es sich bei den befragten Personen um die BesucherInnen / Mitglieder einer katholischen Gemeinde und nicht um die Mitglieder eines eher politisch ausgerichteten MigrantInnenvereines handelt.

Die Zahl der Personen, die sich schon an SozialarbeiterInnen gewandt haben, ist jedoch höher. 69,7 Prozent sind ein sehr hoher Anteil und vermitteln einen Eindruck vom Unterstützungsbedarf dieser MigrantInnengruppe. Eine Rolle spielt dabei der hohe Anteil an AsylwerberInnen.

Die befragte Gruppe wünscht sich mehr Zusammenarbeit von SozialarbeiterInnen und Priestern.

Die ACC wird als Integrationshilfe erlebt.

---

[144] Vgl. Kapitel 12.5 Die 7 Bögen, die nicht in die Auswertung genommen wurden.

13 Ergebnisse und Ausblick

Es war ein Anliegen dieser Arbeit die Bedeutung einer katholischen Gemeinde für AfrikanerInnen in Wien darzustellen. Ziel dieser Arbeit war auch die ACC als Ressource für die Sozialarbeit mit AfrikanerInnen hervorzuheben.

Die Fragen des Fragebogens waren für die Zielgruppe gut verständlich. Das Verwenden der englischen Sprache hat sich als richtige Entscheidung herausgestellt. Manche Kommentare konnten nur mit Hilfe eines Nigerianers gelesen und verstanden werden, da teilweise in Nigeria gängige Abkürzungen für englische Wörter verwendet wurden, die in Österreich nicht bekannt sind und im Englischunterricht nicht vermittelt werden. Manches Mal wurde auch umgangssprachlich geschrieben.

13.1 Gemeinsamkeiten der qualitativen und quantitativen Ergebnisse

142 befragte Mitglieder der ACC waren nigerianischer Herkunft. Die von den beiden SozialarbeiterInnen zuerst genannte Gruppe an afrikanischen KlientInnen waren NigerianerInnen.

Ein wichtiges Thema war der Zugang zum Arbeitsmarkt. SozialarbeiterInnen sind mit KlientInnen konfrontiert, die nicht arbeiten gehen dürfen, weil sie AsylwerberInnen sind und auch nach der Heirat mit Österreicherinnen ihren Aufenthaltsstatus nicht wechseln können. AfrikanerInnen möchten arbeiten gehen und haben keine Chance.

Die Diskriminierung von AfrikanerInnen wegen deren Herkunft und Hautfarbe wurde sowohl von den InterviewpartnerInnen als auch von den Mitgliedern der ACC in den Fragebögen angemerkt. Beide Gruppen wünschen sich gelingende Integration und eine Chance in der österreichischen Gesellschaft.

Ein elementares Problem afrikanischer MigrantInnen ist einen Aufenthaltstitel zu bekommen und in Österreich bleiben zu dürfen. Auch dieses Thema wurde von ExpertInnen und Mitgliedern der ACC angesprochen.

14 Schlussfolgerungen

Religion kann eine negative Bedeutung bekommen, wenn die Religionszugehörigkeit Verfolgung mit sich bringt und zum Verlassen der Heimat zwingt. Religionszugehörigkeit kann aber auch Halt geben und Ressourcen bereitstellen. Wenn MigrantInnen im Aufnahmeland in muttersprachliche Gemeinden gehen können, dann erleben sie Heimat in einem fremden Land. Sie haben dort die Möglichkeit religiöse und kulturelle Traditionen aus ihren Heimatländern zu pflegen, ihre Muttersprachen zu sprechen und Zusammengehörigkeitsgefühl zu erleben. Fremdsprachige Gemeinden, wie die ACC leisten einen Beitrag zur Integration und zum Leben und Überleben in Österreich, in dem sie Deutschkurse vermitteln, Informationen weitergeben und einen Ort der Vernetzung und des Austausches bieten. Sie können Sicherheit bieten und ein soziales Netz sein, in dem sie in Krisen finanziell (durch Bezahlung von Versicherungsprämien oder Begräbniskosten), aber auch ideell durch Dasein, Zuhören und Gesprächsmöglichkeiten (wöchentliche Sprechstunde der Seelsorger, Agape nach den Sonntagsgottesdiensten) unterstützen. Die ACC gibt den Mitgliedern das Gefühl zu Hause zu sein.

AfrikanerInnen vertrauen ihren Priestern und erleben Herkunft und Hautfarbe als verbindendes Element. Priester werden aufgesucht, wenn es Probleme mit Behörden, wie dem Jugendamt gibt, und wenn sie Unterstützung brauchen.

AfrikanerInnen sind in Wien mit vielfältigen Problemen, Herausforderungen und Vorurteilen konfrontiert. Durch ihre Hautfarbe fallen sie auf und werden stärker wahrgenommen. Es gilt sie in ihrer Lebenswelt, in ihren ganz konkreten Situationen, mit ihrer Herkunft und mit ihrer kulturellen Prägung wahrzunehmen. Es braucht von beiden Seiten (ÖsterreicherInnen und AfrikanerInnen) die Bereitschaft einander kennenzulernen. Integration sollte nicht als einseitiger Prozess verstanden werden.

AfrikanerInnen zeigen in ihren Gottesdiensten, wie sie das Christentum verstehen, und bringen es in ihrer kulturellen Tradition zum Ausdruck. Sie verbinden christliche / europäische Elemente mit afrikanischen. Sie spielen mit europäischen Instrumenten afrikanische Musik. Eine Verbindung zwischen den Kulturen zu schaffen und sich mit Elementen beider Kulturen auszudrücken, könnte eine Möglichkeit sein im Aufnahmeland Fuß zu fassen, ohne die eigene Identität zu verlieren.

Das Konzept der interkulturellen Kompetenz und die Theologie der Inkulturation scheinen über einige Gemeinsamkeiten zu verfügen. Die verstärkte Zusammenarbeit von interkulturell kompetenten Organisationen und der ACC könnte für beide Seiten sehr bereichernd werden. Es könnte zu einer sinnvollen

Ergänzung kommen. KlientInnen könnten von einer verstärkten Zusammenarbeit profitieren.

Wenn Priester mehr über Hilfs- und Beratungseinrichtungen wissen, können sie Hilfe suchende Gemeindemitglieder besser weiter vermitteln.

Wenn SozialarbeiterInnen mehr über Treffpunkte von AfrikanerInnen wissen, dann können sie dort Unterstützung bekommen und mehr über kulturelle Hintergründe erfahren. Diese Informationen können Beratungssituationen vereinfachen und bewirken, dass sich KlientInnen besser verstanden fühlen.

Eigene Auslandsaufenthalte oder der eigene Migrationshintergrund können für die Arbeit mit MigrantInnen sehr hilfreich sein. Die Begegnung mit anderen Kulturen muss nicht zwingend im Ausland erfolgen, sie kann auch mit MigrantInnengruppen im „eigenen" Land geschehen. Die ACC ist so ein Treffpunkt für Hunderte AfrikanerInnen in Wien, die diesen Ort unterschiedlich oft frequentieren.

Der Inhalt dieser Arbeit ist stark von Überlegungen der Vernetzung und Zusammenarbeit geprägt und von der Idee, dass Sozialarbeit und Religion einander bereichern und ergänzen können. Der Seelsorger hat die Frage aufgeworfen, wie stark Politik und Religion einander beeinflussen dürfen. Der Sozialarbeiter hat sich mehr Engagement und Stellungnahmen zum Flüchtlingsproblem gewünscht, vor allem von der katholischen Kirche. Diese Überlegungen und Wünsche gehen über die Vernetzungsebene zwischen Einrichtungen hinaus und berühren grundlegende politische und religiöse Haltungen. Sie können ein Anstoß sein sich weiterhin für AfrikanerInnen einzusetzen und mit ihnen gemeinsam die Zukunft in Österreich zu gestalten.

III. Anhang
1 Interview 3, 21. 1. 2009

DSA Gerhard Wallner, ehrenamtlich in der Deserteursberatung, 1010 Wien tätig

Danke, dass Sie sich Zeit genommen haben. Ich werde das Interview nur für die Diplomarbeit verwenden und könnten Sie mir zuerst einmal hier kurz Ihre Arbeit beschreiben und wie lange Sie schon als Sozialarbeiter arbeiten.

Ja, also, ich bin Sozialarbeiter seit 1973, habe viele Jahre am Jugendamt gearbeitet, hab dort vor - 1986 begonnen Sozialarbeit im Flüchtlingsbereich zu leisten und hab dann beim Amt für Jugend und Familie der Stadt Wien das Kompetenzzentrum für unbegleitete Flüchtlinge aufgebaut und dann auch geleitet. Das wurde dann 2004 geschlossen, als die Grundversorgung eingeführt wurde, weil die Agenden dann auf den Fonds Soziales Wien übergegangen sind. Ich bin seither von der Stadt Wien karenziert und hab bis September des Vorjahres bei der Diakonie ein Flüchtlingsheim für Jugendliche geleitet und bin jetzt schon zu Hause, und arbeite ehrenamtlich da als Flüchtlingsberater bei der Deserteursberatung.

Was bietet Ihre Einrichtung hier konkret an?

Wir bieten also hier zwei Dinge an: erstens einmal für Asylwerber eine rechtliche Beratung und auch eine Rechtsvertretung, wenn sie das wünschen. Es ist kostenlos. Dann gibt's kostenlose Deutschkurse von der Deserteursberatung und dann gibt es für anerkannte Flüchtlinge eine Integrationsberatung.

Und aus welchen afrikanischen Ländern hatten Sie schon Klienten?

Aus, also die meisten aus Nigeria, eine große Zahl also auch aus Äthiopien, dann aus Guinea und dann vereinzelt aus anderen Ländern, wie Uganda, Elfenbeinküste, Kongo.

Was sind die häufigsten Probleme oder Themen mit denen Afrikaner zu Ihnen kommen?

Da muss man zwei Dinge unterscheiden: Die Afrikaner haben meistens ein lokal begrenztes Problem, warum sie ihre Heimat verlassen, besonders die Burschen. Im Hintergrund steht immer eine totale wirtschaftliche Not, weil sie alle keine Erwerbsmöglichkeit haben. Bei den Mädchen aus Nigeria kommt dazu, dass sehr viele von ihnen Opfer des Frauenhandels sind und hier zur Prostitution gezwungen werden. Das geben aber nur sehr wenige zu. Sehr viele geben dann

einen anderen Asylgrund an. Das mag der Anlass sein, ist aber nicht die Ursache und die Mädchen sind also schon sehr verschüchtert und es trauen sich nur wenige ihren wahren Grund anzugeben, warum sie herkommen müssen.
Bei den anderen Ländern ist das unterschiedlich. Bei Äthiopien kommt sehr oft dieser Konflikt zwischen den äthiopischen Christen, also der äthiopisch- orthodoxen Kirche und den Muslimen zum Tragen. Die also von der Regierungspartei, die christlich ist, vertrieben wurden.

Das heißt, es kommen eher Muslime?

Ja, da kommen eher die Muslime. Ansonsten. Bei Guinea sind es hauptsächlich politische Probleme. Sonst kann ich eigentlich nix Besonderes nennen.

Und bei Nigeria?

Bei Nigeria ist es meistens ein Problem, dass die Familie, ein Familienmitglied, meistens der Vater, einer dieser afrikanischen Geheimbünde angehört und dort dann unter Druck gesetzt wird eines seiner Kinder auch zu diesem Geheimbund zu bringen, was wieder besonders die Söhne, so sie christlich sind, ablehnen. Dann werden sie von diesen Geheimbünden bedroht und müssen weg.

Gibt es Unterschiede zur Arbeit mit Klienten aus anderen Ländern? Fällt Ihnen etwas auf, so speziell, was afrikanische Klienten betrifft, diese Gruppe?

Ja, dass also afrikanische Klienten ein viel viel größeres Misstrauen uns also den Weißen gegenüber mitbringen als zum Beispiel Klienten aus Afghanistan oder Russland oder so. Sie sind also nur nach langer langer Zusammenarbeit bereit, sich da ein bissl zu öffnen und ein bissl in ihren Hintergrund hineinschauen zu lassen.

Ist Religion auch ein Thema in der Beratung?

Religion ist insofern ein Thema in der Beratung als gerade die Afrikaner aus Nigeria, die hier herkommen, so wie ich das sehe, sehr strenggläubige Christen sind. Wenn auch nicht immer katholisch, aber einer dieser christlichen Religionsgemeinschaften angehören und es Konflikte gibt zu Hause entweder mit den Naturreligionen, also etwa dem Juju oder dem Voodoo oder aber auch viele Probleme haben mit den Muslimen in Nigeria, die ja dort eigentlich die Staatsgewalt ausüben.

Gibt es von Ihrer Stelle oder von Ihrer Erfahrung in der Sozialarbeit her Zusammenarbeit mit Kirchen, religiösen Gemeinschaften, Priestern?

Ich war lange bei einer kirchlichen Organisation jetzt tätig. Das war also die Diakonie. Da haben wir auch eine sehr gute Zusammenarbeit auch mit der evangelischen Kirche hier gehabt. Ansonsten haben wir da also keine Erfahrungen.

Würden Sie sich mehr Zusammenarbeit wünschen oder würde das auch etwas an Ihrer Arbeit verändern?

Es wäre sehr günstig, wenn sich die Kirche da mehr einbringen würde, also auch die große katholische Kirche. Und vor allem wenn also die Kirchen hier eindeutiger, sag ich einmal, Stellung beziehen würden, zum Flüchtlingsproblem im Allgemeinen.

Mein Thema ist Inkulturation auch. Was verstehen Sie darunter? Sagt Ihnen der Begriff etwas? Und wenn ja ist er auch ein Thema in Ihrer Einrichtung?

Inkulturation sagt mir, ist das eine Zusammenarbeit der verschiedenen Kulturen? Ist das gemeint damit?

Also so wie ich es verstehe, kommt es eigentlich aus der Theologie, aber es meint auch, dass man Elemente von einer Kultur in die andere integriert.

Das kommt hier gar nicht vor.

Versucht sich Ihre Einrichtung auch irgendwie speziell auf Afrikaner einzustellen? Also zum Beispiel besondere Angebote oder dass Mitarbeiter besondere Fortbildungen haben?

Nein, es ist so, dass verschiedene Mitarbeiter sich auf verschiedene Länder schwerpunktmäßig konzentrieren und auch die Fortbildungsangebote, die es da gibt, nützen und sich weiter bilden. Aber besondere Angebote für eine bestimmte – Nation, sag ich- haben wir da nicht. Wir nehmen also jeden Klienten, der bedürftig ist und der hier herkommt.

Gibt es noch irgendetwas, das Sie ergänzen möchten?

Nein.

Gut, dann vielen Dank, dass Sie sich Zeit genommen haben!

Bitte schön.

2 Themenanalyse, Kategorieschema

1. **Migration von AfrikanerInnen**
   1.1. Gründe für die Migration nach Europa
      1.1.1. Nigeria –Frauen
      1.1.2. Guinea
      1.1.3. Allgemein
   1.2. Religiöse Gründe für die Migration nach Europa
      1.2.1. Äthiopien
      1.2.2. Nigeria

2. **AfrikanerInnen in Wien**
   2.1. Herkunftsländer
   2.2. Häufigste Probleme von AfrikanerInnen in Österreich:
      2.2.1. Arbeitssuche + Zugang zum Arbeitsmarkt
      2.2.2. Sprache
      2.2.3. Polizei
         2.2.3.1. Gefängnisaufenthalt
      2.2.4. Aufenthaltsstatus
         2.2.4.1. Aufenthaltstitel
         2.2.4.2. Drohende Abschiebung
         2.2.4.3. Familienzusammenführung
         2.2.4.4. Österreichische Gesetzeslage
      2.2.5. Herkunftsspezifische Probleme
         2.2.5.1. Hautfarbe + Diskriminierung
         2.2.5.2. Andere Kultur
         2.2.5.3. Probleme zwischen AfrikanerInnen
      2.2.6. Weitere Probleme
         2.2.6.1. Drogen
         2.2.6.2. Frauenspezifische Probleme
         2.2.6.3. Enttäuschte Erwartungen

3. **Perspektiven / Positives**
   3.1. Zweite Generation
   3.2. Gelungene Integration

4. **Zusammenarbeit mit anderen Institutionen**
   4.1. Kirchlich
      4.1.1. Pfarrgemeinderat
      4.1.2. Pfarren
      4.1.3. Bischof
      4.1.4. Diözese
      4.1.5. Afro Arge AAG

    4.1.6. Priester
    4.1.7. Evangelische Kirche
  4.2. Sozialbereich
    4.2.1. Beratungsstellen
    4.2.2. Caritas
    4.2.3. Jugendamt
  4.3. Wunsch nach Zusammenarbeit
  4.4. Wunsch nach Engagement der Kirche

5. Gefühle bei der Arbeit mit AfrikanerInnen / persönliche Einstellung
  5.1. Freude
  5.2. Mitleid
  5.3. Eigene Vorurteile

6. Ausbildung für die Arbeit mit AfrikanerInnen
  6.1. Fortbildung / Seminare
  6.2. Auslandsaufenthalt
  6.3. Lernen durch Erfahrung
  6.4. Wissen über andere Kulturen aneignen / Offenheit
  6.5. Nicht vorhanden
  6.6. Eigene berufliche Erfahrung

7. Inkulturation
  7.1. Bedeutung
  7.2. Praktische Umsetzung
  7.3. Inkulturation und Akkulturation

8. African Catholic Community Vienna
  8.1. Probleme der ACC – Gemeindeprobleme
    8.1.1. Keine eigene Kirche, Sakristei, Büro
    8.1.2. Probleme zwischen AfrikanerInnen
  8.2. Unterstützung der ACC durch Diözese / Bischof
    8.2.1. Um humanitären Aufenthalt zu bekommen
    8.2.2. Finanziell
    8.2.3. Bei Problemen mit der Polizei
  8.3. Unterstützung von AfrikanerInnen durch die ACC
    8.3.1. Zielgruppen
      8.3.1.1. Unterstützung von Gemeindemitgliedern
      8.3.1.2. Unterstützung von AfrikanerInnen, die keine Mitglieder der ACC sind
    8.3.2. Finanziell
      8.3.2.1. Deutschkurs
      8.3.2.2. Begräbnis
      8.3.2.3. Leiche ins Heimatland überführen

        8.3.2.4. Versicherung
        8.3.2.5. Für MissionarInnen, die die ACC besuchen
   8.4. Finanzielle Einnahmen der ACC
     8.4.1. Einnahmen in der Gemeinde
        8.4.1.1. Second collection
        8.4.1.2. Basar
     8.4.2. Weitere Einnahmequellen
        8.4.2.1. Afro Arge AAG
        8.4.2.2. Österreichische Pfarren
        8.4.2.3. Afrikanische Geschäftsleute
     8.4.3. Angebote der ACC
        8.4.3.1. Spendung der Sakramente der Kirche
        8.4.3.2. Wöchentliche Messe
        8.4.3.3. End of the year party
        8.4.3.4. Agape
        8.4.3.5. Seminare
        8.4.3.6. Ausflüge
        8.4.3.7. Sprechstunde
   8.5. Vorteile afrikanischer Herkunft des Seelsorgers
     8.5.1. Vertrauen
     8.5.2. Gleiche Kultur

9. Sonstiges
   9.1. Besonderheiten afrikanischer Klienten/Verhalten
   9.2. Religion als Thema in der Beratung

3 Questionnaire

My name is Julia Heneis and I am studying at University of Applied Sciences for Social Works, 1210 Vienna. I am a Masters Degree student. This questionnaire is for my thesis only. The title is "Acculturation and its Relevance for Social Work with Africans in Vienna - A Case Study of African Catholic Community".
Could you please help me by supplying the answers to the following questions? From the information you will supply, I want to find out where members of African Catholic Community receive help and support from. What could be done to make the help better and what is lacking.

The Questionnaire is anonymous. The information you supply will be treated with great care and will be used only for my Masters Thesis. Please help me to answer the questions carefully and fully. There are no right or wrong answers. Your opinion is very important.
You are contributing greatly to my Masters Thesis by filling up this questionnaire.
Thank you for your cooperation in advance.

Personal data:

1. age:
   _____ years

2. gender:

   o male
   o female

3. What is your status in Austria?

   o Asylum-seeker
   o Entitled to Asylum
   o Subsidiary protection status
   o Residence permit (Aufenthaltsbewilligung): pupil, student, artist, scientist, ...
   o Proof of establishment (Niederlassungsbewilligung)
   o Family member of Austrian Citizen
   o Permanent residence/ Proof of establishment
   o Austrian Citizen
   o I don't know
   o Something else: _____

4. Country of origin:

5. Citizenship (Staatsbürgerschaft):

    o Austria
    o Nigeria
    o Other Countries: _____

6. How long have you been in Austria?
    _____ years

Where do you go when you need help and where do you get it?

7. Where do you get information about counselling centres? You can choose more than one answer.

    o Family / friends / acquaintances
    o Internet
    o TV
    o Newspapers
    o African Catholic Community
    o Advice centres
    o Somewhere else: _____

8. Have you ever been to a social worker or advice centre to seek for help?

    o Yes
    o No
    o Don't know

    If yes, how satisfied were you with the help you got?

    o Very satisfied
    o Satisfied
    o Fairly satisfied
    o A bit not satisfied
    o Less satisfied
    o Not satisfied

9. In which area did you need support? You can choose more than one answer.

    o Housing
    o Working
    o Residence permit, to find a possibility to stay in Austria
    o Personal problems
    o Family
    o Financial problems
    o Learning German
    o Something else:_____
    o In no area

10. In which areas could you not get enough help or support ? You can choose more than one answer.

    o   Housing
    o   Working
    o   Residence permit, to find a possibility to stay in Austria
    o   Personal problems
    o   Family
    o   Financial problems
    o   Learning German
    o   Something else:_____
    o   In no area

11. If you have problems where would you go first?

    o   Priest
    o   Social worker / advice centres

Questions around African Catholic Community:

12. How often do you come to African Catholic Community?

    o   Minimum twice a week
    o   Once a week
    o   More than once a month
    o   Minimum once a month
    o   Less than once a month

13. Why do you come to African Catholic Community? You can choose more than one answer.

    o   ... because I want to pray
    o   … because I like the mass
    o   ... because I can meet other Africans
    o   … my family and friends go there
    o   … I receive help and support from there
    o   ... I can get Information there
    o   ... to know African Shops, Restaurants,...
    o   … I feel at home there
    o   Something else:_____

14. Have you ever gone to a priest of African Catholic Community with any of your problems?

    o   Yes
    o   No

If yes, how satisfied were you with the help you got?

- Very satisfied
- Satisfied
- A bit satisfied
- A bit not satisfied
- Less satisfied
- Not satisfied

15. In which area did you need support? You can choose more than one answer.

- Sacraments of the church, prayer life
- Housing
- Working
- residence permit, to find a possibility to stay in Austria
- Personal problems
- Family
- Financial support
- Learning German
- Somewhere else:_____
- In no area

Living in Austria:

16. Do you think that Austrians understand Africans who live in Vienna?

- yes
- more yes
- more no
- no

17. If you felt not understood, do you think it has something to do with your culture or with your African origin?

- yes
- no
- don't know

18. Does the African Catholic Community help you to integrate in the Austrian Society?
- yes
- more yes
- more no
- no

19. Do you want priests and advice centres to cooperate more?

- o   yes
- o   no
- o   don't know

Closing questions:

20. What would you need most to live better in Austria? You can choose more than one answer.

- o   Support in learning German
- o   Support in finding a flat, house
- o   Support in finding a job
- o   Support in getting a residence permit
- o   Support in personal Problems
- o   Financial support
- o   More contact with Austrians
- o   Something else:_____
- o   Nothing

21. Is there anything you'd like to add?

_____
_____
_____

Thank you very much for answering the Questionnaire!!

Julia Heneis

IV Literatur

Bücher / Beiträge in Büchern

Bakic Josef, Diebaecker Marc, Hammer Elisabeth (Hrsg.), Aktuelle Leitbegriffe der Sozialen Arbeit. Ein kritisches Handbuch. Löcker, Wien, 2007

Colacra Angelo, Zinkuratire Victor (General Editors), The African Bible, Paulines Publications Africa, Sixth Reprint 2008

Duden, Das große Fremdwörterbuch. Mannheim, 1994

Eimmermacher H., Netzwerkarbeit, in: Radice von Wogau, Eimmermacher Lanfranchi (Hrsg.), Therapie und Beratung von Migranten. Systemisch – interkulturell denken und handeln. Beltz PVU, Basel, 2004, 65-78.

Flaker Vito, Schmid Tom (Hrsg.), Von der Idee zur Forschungsarbeit. Forschen in Sozialarbeit und Sozialwissenschaft. BSB, Wien, 2006

Flick Uwe, Qualitative Sozialforschung. Eine Einführung. rororo, Reinbek bei Hamburg, 2005

Füssenhäuser C., Thiersch H., Theorien der Sozialen Arbeit, in: Handbuch Sozialarbeit Sozialpädagogik. Hrsg. V. Otto H.-U. und Thiersch H., Luchterhand, 2., völlig neu überarbeitete und aktualisierte Auflage, 2001, 1876,1892-1894

Galuske Michael, Methoden der sozialen Arbeit. Eine Einführung. Juventa, Weinheim, 2007

Gibellini Rosino, Handbuch der Theologie im 20. Jahrhundert. Pustet, Regensburg, 1995

Grunwald K., Thiersch H., Lebensweltorientierung, in: Handbuch Sozialarbeit Sozialpädagogik. Hrsg. V. Otto H.-U. und Thiersch H., Luchterhand, 2., völlig neu überarbeitete und aktualisierte Auflage, 2001, 1136-1147

Handschmuck Sabine, Klawe Willy, Interkulturelle Verständigung in der sozialen Arbeit. Ein Erfahrungs-, Lern- und Übungsprogramm zum Erwerb interkultureller Kompetenz. Juventa, Weinheim, 2004

Hegemann T., Interkulturelle Kompetenz in Beratung und Therapie, in: Radice von Wogau, Eimmermacher Lanfranchi (Hrsg.), Therapie und Beratung von

Migranten. Systemisch – interkulturell denken und handeln. Beltz PVU, Basel, 2004, 79-91.

Iweadighi Okechukwu Sabinus, Glaube und Kultur. Zur Inkulturation des christlichen Glaubens in der Igbo Kultur. Diplomarbeit, Wien, 1997

Kodjo Samuel, Probleme der Akkulturation in Afrika. Verlag Anton Hain, Meisenheim am Glan, 1973

Koptelzewa Galina, Interkulturelle Kompetenz in der Beratung. Strukturelle Voraussetzungen und Strategien der Sozialarbeit mit Migranten. Waxmann, Münster, 2004

Mayring Phillipp, Gläser-Zikuda Michaela (Hrsg.), Die Praxis der Qualitativen Inhaltsanalyse. Beltz, Weinheim, 2005

Milborn Corinna, Gestürmte Festung Europa. Einwanderung zwischen Stacheldraht und Ghetto. das Schwarzbuch. Styria, Wien, 2006

Ndahayo Epiphanie, Akkulturation. Selbstbild und soziale Unterstützung in Bezug auf AfrikanerInnen in Österreich. Diplomarbeit, Wien, 2002

Neumann J., Kirche (katholische) und Wohlfahrtsstaat, in: Handbuch Sozialarbeit Sozialpädagogik. Hrsg. V. Otto H.-U. und Thiersch H., Luchterhand, 2., völlig neu überarbeitete und aktualisierte Auflage, 2001, 1036-1043.

Ohajiriogu Chukwuma Augustus, Mystagogie und Inkulturation. Lösungsansätze in Europa und in Afrika. Diplomarbeit, Wien, 2004

Otto H.-U., Thiersch H. (Hrsg.), Handbuch Sozialarbeit Sozialpädagogik. Luchterhand, 2., völlig neu überarbeitete und aktualisierte Auflage, 2001

Pallas B., Der Fragebogen, in: Flaker Vito, Schmid Tom (Hrsg.), Von der Idee zur Forschungsarbeit. Forschen in Sozialarbeit und Sozialwissenschaft. BSB, Wien, 2006, 333-348.

Raab-Steiner Elisabeth, Benesch Michael, Der Fragebogen. von der Forschungsidee zur SPSS - Auswertung. Facultas WUV, Wien 2008

Radice von Wogau J., Eimmermacher H., Lanfranchi A. (Hrsg.), Therapie und Beratung von Migranten. Systemisch – interkulturell denken und handeln. Beltz PVU, Basel, 2004

Radice von Wogau J., Systemische Theorie in interkultureller Beratung und Therapie, in: Radice von Wogau, Eimmermacher Lanfranchi (Hrsg.), Therapie und Beratung von Migranten. Systemisch – interkulturell denken und handeln. Beltz PVU, Basel, 2004, 45-64.

Schuhmacher Sebastian, Peyrl Johannes, Fremdenrecht. ÖGB Verlag, Wien, 3. Auflage, 2007

Spliesgart R., 15. Afrikaner auf beiden Seiten des Atlantiks. Fremdheit als Identität, in: African Identities and World Christianity in the Twentieth Century. Hrsg. v. K. Koschorke, Harrassowitz Verlag, Wiesbaden, 2005, 258-263.

Staub-Bernasconi Silvia, Soziale Arbeit als Handlungswissenschaft. Haupt, Bern, 2007

Thiersch Hans, Lebensweltorientierte Soziale Arbeit. Aufgaben der Praxis im Sozialen Wandel. Juventa Verlag, Weinheim, 2. Auflage, 1995

Treuheit Werner, Otten Hendrik, Akkulturation junger Ausländer in der Bundesrepublik Deutschland. Probleme und Konzepte. Leske + Budrich, Opladen, 1986

Van Dik Lutz, Die Geschichte Afrikas. Campus Verlag, Frankfurt, 2004

Waldrauch Harald; Sohler Karin, Migrantenorganisationen in der Großstadt. Entstehung, Strukturen und Aktivitäten am Beispiel Wien. Campus Verlag, Wien, 2004

Beiträge in Zeitschriften

Buschmann G., Kupzok K., Storcks D., „... dass ich keine Angst vor dem Fremden haben muss ...", in: SIÖ, Sozialarbeit in Österreich, Ausgabe 2/09, 18-23

Gansterer A., „Viele warten jahrelang", in: Der Sonntag, Die Zeitung der Erzdiözese Wien, Nr. 15, 13. 4. 2008, II

Ifeanyi V., Inculturation and Liberation Theology. Similarities and Differences, in: NACATHS. Journal of African Theology, Volume 10 (March 2000), 23-25

Kronthaler S., Andere Sprache, derselbe Glaube, in: Der Sonntag, Die Zeitung der Erzdiözese Wien, Nr. 13, 30. 3. 2008, I

Mayama Alain, The Evolution of African Theology, in: NACATHS. Journal of African Theology, Volume 10 (March 2000), 7-13

Penka S., Wohlfart E, Migration und Integration: Interkulturelle Settings in der psychosozialen Regelversorgung, in: SIÖ, Sozialarbeit in Österreich, Ausgabe 2/09, 13-17

Schneider S., Transkulturelle Schul-Sozial-Arbeit in Vorarlberg, in: SIÖ, Sozialarbeit in Österreich, Ausgabe 2/09, 26-31

Stompe T., Die Begegnung mit dem Fremden – eine Herausforderung für die Sozialarbeit, in: SIÖ, Sozialarbeit in Österreich, Ausgabe 2/09, 34-38

Tatschl S., "I have always depended on the Kindness of strangers"- Migration als Herausforderung für die Identität, in: SIÖ, Sozialarbeit in Österreich, Ausgabe 2/09, 8-12

Beiträge im Internet

ARGE AAG:
Rektorat ARGE AAG (Arbeitsgemeinschaft Afro-Asiatischer Gemeinden). Katholische Gemeinden aus Afrika, Asien und Lateinamerika in Wien. URL: http://stephanscom.at/edw/fremdsprachige_gemeinden/gemeinden/aussereuropa/ Februar 2009

Artikel über ARGE AAG.
URL: http://members.nextra.at/aai-wien/Deutsch/religionen/arge_aag.htm, Februar 2009

URL: http://members.magnet.at/aai-wien/Deutsch/religionen/index.htm, Februar 2009

Beratungszentrum für Migranten und MigrantInnen. URL: http://www.migrant.at, März 2009

BMI,Asylstatistik2007.http://www.bmi.gv.at/downloadarea/asyl_fremdenwesen _statistik/2008/Asyl%20-%20Jahresstatistik%20% 202007.pdf, Dezember 2008

Caritas der Erzdiözese Wien. Beratungsangebote für AsylwerberInnen. URL: http://www.caritas-wien.at/hilfe-einrichtungen/asylmigrationintegration/ beratung-fuer-asylwerberinnen/, Februar 2009

Caritas der Erzdiözese Wien. Wohnmöglichkeiten für AsylwerberInnen und MigrantInnen.URL:http://www.caritas-wien.at/hilfe-einrichtungen/ asylmigrationintegration/wohnmoeglichkeiten/wien/, März 2009

Caritas der Erzdiözese Wien. Integrationsarbeit. URL: http://www.caritas-wien.at/hilfe-einrichtungen/asylmigrationintegration/integrationsarbeit/brunnenpassage/, März 2009

Diakonie Österreich. URL: http://www.diakonie.at, Februar 2009

Diakonie. AMBER-MED. URL: http://amber.diakonie.at/, Februar 2009

Diakonie. Flüchtlingsdienst. URL: http://fluechtlingsdienst.diakonie.at, März 2009

Diakonie. Interkultureller Kindergarten Ottakring. URL: http://kindergaerten.diakonie.at/goto/de/kindergaerten/interkultureller-kindergarten-ottakring, März 2009

Diakonie. Patchwork Institut. URL: http://patchwork.diakonie.at/goto/de/startseite, März 2009

MA 17. Integrations- und Diversitätsangelegenheiten. URL: http://www.wien.gv.at/integration/, Jänner 2009

MA 35. Einwanderung, Staatsbürgerschaft, Standesamt. URL: http://www.wien.gv.at/verwaltung/personenwesen/einwanderung/aufenthalt/zustaendigkeit.html, Februar 2009

MA 35. Einwanderung, Staatsbürgerschaft, Standesamt. URL: http://www.magwien.gv.at/advuew/internet/AdvPrSrv.asp?Layout=stelle&Type=R&HLayout=personen&AUSSEN=Y&Suchstr=Magistratsabteilung+35, Jänner 2009

Start Wien - Startcoaching für Neuzugewanderte in Wien. URL: http://www.wien.gv.at/integration/startwien.html, März 2009

Wienbibliothek. Informationen über die Auflösung des WIF auf der Seite der Wienbibliothek. URL: http://www.stadtbibliothek.wien.at/cgi-ma09/embed-wo.pl?lang=-de&l=3&doc=http://www.stadtbibliothek.wien.at/bibliothek/erwerb/2005/integrationsfonds-de.htm, Jänner 2009

Autorin: Julia Heneis

Geburtsdatum: 12. 2. 1980

Curriculum Vitae

Schulbildung:

1986-1990	Volksschule in Heiligeneich, Niederösterreich
1990-1994	Gymnasium in Tulln, Niederösterreich
1994-1999	Bildungsanstalt für Kindergartenpädagogik, 1190 Wien, Zusatzqualifikation für Früherziehung
1999-2000	Zwei Semester Lehrgang für Sonderkindergartenpädagogik und Frühförderung, 1080 Wien
2005-2009	FH Campus Wien – Diplomstudiengang „Sozialarbeit im städtischen Raum", 1210 Wien, Abschluss als Magistra für sozialwissenschaftliche Berufe
WS 2006	Erasmus Studium an der Hochschule Zittau / Görlitz, Deutschland

Aus- und Weiterbildung:

22.10.2000-31.01.2004	Interne Ausbildung in der Schwesterngemeinschaft Caritas Socialis, 1090 Wien
2001-2004	Theologischer Kurs (Kurstyp A) in 1010 Wien
Oktober/November 2004	Basiskurs-Begegnung mit dem Islam

Praktika und Ferialeinsätze im Sozialbereich:

07.07.-20.07.1996	Seminarwochen für Familien mit hörgeschädigten Kindern in Linz
1997 - 2001	jährlich 2 Urlaubswochen der Caritas für Familien mit behinderten Kindern in Mariazell/ Steiermark

01.02.-30.04.2001	Werkstätte von Jugend am Werk, 1030 Wien
02.05.-29.06.2001	CS-Wohnheim für Mutter und Kind, 1090 Wien
06.09.-21.12.2001	Tagesheimstätte der Behindertenhilfe Klosterneuburg, Niederösterreich
31.01.-28.03.2003	CS - Beratungsdienste, 1090 Wien
02.04.-28.06.2002	CS - Geriatrisches Tageszentrum, 1090 Wien
05.08.-01.09.2002	CS - Wohnheim für Mutter und Kind, 1090 Wien (Urlaubsvertretung)
02.12.-20.12.2002	Clara Fey - Sonderschule, 1190 Wien
07.01.-28.03.2003	CS - Pflegeheim, 1030 Wien
02.04.-26.06.2003	Flüchtlingshilfe St. Gabriel der Caritas, Mödling, Niederösterreich
04.07.-07.08.2003	Krankenhausseelsorge in Görlitz, Deutschland
01.09.-19.09.2003	CS - Beratungsdienste, 1090 Wien (Urlaubsvertretung)
26.09.-24.10.2003	Bahnhofssozialdienst in München, Deutschland
01.12.2003-19.01.2004	Flüchtlingshilfe St. Gabriel der Caritas, Mödling, Niederösterreich
01.01.-31.01. 2006	Orientierungspraktikum: Justizanstalt Favoriten, 1100 Wien
01. 06.-30.06.2006	Orientierungspraktikum: Diakonie: Karibu: WG für unbegleitete, männliche, minderjährige Flüchtlinge, 1160 Wien
01.11.2007-31.01.2008	Langzeitpraktikum: Caritas Haus Jona
28.02.-29.05.2008	Theoriebegleitetes Praktikum: Beratungszentrum für MigrantInnen, 1010 Wien

Berufstätigkeit:

01.04.2004 – 15.08.2005	Horterzieherin, Pfarrkindergarten St. Lukas, 1110 Wien
01.01.2008 – 28.02.2009	geringfügig beschäftigte Mitarbeiterin im Haus Jona (Nacht- und Wochenenddienste), sozial betreutes Wohnhaus der Caritas, 1140 Wien
01.03.2009 – 31.05.2009	Aushilfstätigkeit als Sozialarbeiterin im Haus Jona
Seit 15.02.2010	Sozialarbeiterin bei BEWO, Heilsarmee, 1020 Wien

Ehrenamtliche Tätigkeit (seit 2003):

Weltdorf - Jugendpastoral der Steyler Missionare in Mödling, Niederösterreich (multikulturelle kirchliche Jugendarbeit)

Volontariat:

05.09.2009 – 28.12.2009	Aufenthalt in Südtansania, Ostafrika: Öffentlichkeitsarbeit und Deutsch – Englische Korrespondenz für die Abtei St. Maurus, Hanga